政策起業家が社会を変える

―― ソーシャルイノベーションの新たな担い手 ――

M・ミントロム
［著］

石田 祐／三井俊介
［訳］

POLICY ENTREPRENEURS
AND
DYNAMIC CHANGE

ミネルヴァ書房

日本語版刊行にあたって

政策起業家（policy entrepreneur）は、幅広い分野における社会的な変化を促進するために他者と協力し合って活動する。特定の環境において過去に例のない政策イノベーション[1]の実現を目指すという特徴に鑑みると、彼らは他の政治的アクターとは一線を画す存在だ。政策起業家に関する研究は、この三〇年間で急速に進展してきた。その間に、私は他の多くの政策研究者らと同様に、世界各地の政策起業家の行動とその影響力について研究を重ねてきた。政策起業家という概念が生まれたアメリカの政治システムとは大きく異なるにもかかわらず、世界各国の各々の政治状況をふまえた政策起業に関する研究においても、政策起業家の存在の重要性が明らかになっている。

本書は、ケンブリッジ大学出版局（Cambridge University Press）のケンブリッジエレメンツ（Cambridge Elements）として出版された。ケンブリッジエレメンツは、オリジナリティが認められ、かつ正確性・専門性が高い、学術的・科学的研究を出版するシステムである。各分野の著名な専門家によってカテゴリー化され、ケンブリッジ大学出版局のウェブサイトで紹介されている。それらの知見は、大学院生や研究者、そして実践者に有用な情報を提供している。私が本書を執筆したのは、政策起業家が他者と協力しながら、どのように大胆な政策イノベーションを実現していくのかという疑問を、できるだけ多くの人々と共有するためだ。

これまでの政策起業家の活動に関する研究を通じて、私は大きな達成感と洞察を得ることができた。地域からグローバルまでのあらゆるレベルの社会において、世の中をより良いものへと変えるために活動する政策起業家の存在が確認できる。多くの人々の話を聞くことを通じて問題の本質を理解し、その問題に対する新たな視点を提示できる能力や、大胆な政策イノベーションへの支持を得るための説得力やエビデンス提示能力、そして数多くの障壁に直面しても粘り強く変革を推進する忍耐力など、彼らから学べることは少なくない。その意味で、本書を日本語に翻訳してくださった石田祐教授と三井俊介さんには深く感謝している。読者の皆さんが、政策起業家に関する新たな知見を本書から得ることができたなら幸いである。

本書の英語版が出版されてから、このたび日本語版が出版されることになるまでの間、私は、アジアの複数の国々における政策起業[2]の事例を集めて研究するために、アジア各国の研究者からなるグループとともに活動する機会に恵まれた（Mintrom, Maurya & He 2020）。そのレビュー論文の中で私は、政策起業家の研究をさらに進展させるために、次の三つの疑問について検証すべきと主張している。それは、「政策起業家は危機的な出来事をどのように利用するのだろうか?」「どのような特性が政策起業家の信頼性を高めるのか?」「政策起業家がメディアやソーシャルメディアを最も効果的に活用できるのはどのような場合だろうか?」の三つだ。ここでは、これらの三つの疑問について簡単に説明したい。政策研究に携わっている日本の研究者の皆様が政策起業家の研究を始める際に、その糸口としてこれら三つの疑問が役立つことを願っている。

政策起業家は危機的な出来事をどのように利用するのだろうか

危機的な出来事に見舞われたコミュニティの再生を手助けするために行動を起こす政策起業家に関する研究が、これまでにいくつか報告されている。新型コロナウイルス感染症（COVID-19）が世界中で猛威を振るう昨今においては、あるいは近年多発している大規模な森林火災や震災を考えれば、この疑問が重要であることは誰の目にも明らかだろう。危機が発生した時には、大胆な政策転換の必要性が議論され、すぐにそれを実行に移すことで政策イノベーションが起こりやすい環境が出現する。市民が予期せぬ困難に直面している時こそ、強いリーダーシップを発揮して効果的な対応ができる手腕を市民に示す必要があることを政治家はよく知っているからだ。

自然災害は、政府の対応能力が試される典型的な危機の一つだ。気候変動によって、今後さらに多くのコミュニティが危機にさらされる可能性があることを考慮すれば、政府には将来の危機的な出来事に対してもっと必要な準備があるであろうし、いざそれらが発生した時には政府の迅速な対応が求められる。

しかしながら、自然災害の他にも戦争や経済恐慌、新たな伝染病の出現と流行など、発生し得る危機的な出来事はいくつもある。また、社会情勢の変化によって生じる危機もあり、それらには例えば、政治に対する国民感情の変化、暴力的な過激主義の台頭への懸念、マイノリティに対する不寛容の声の拡大、司法や警察などの信頼されるべき機関の腐敗などがある。

政策起業家が危機的な出来事をどのように利用するのかを研究しようとする時、研究者の目の前には多くの選択肢が並ぶ。例えば、一つの国内で起きた、発生年が十年以上離れた出来事を比較することが可能だろう。あるいは、同種の出来事について、異なる自治体間あるいは国家間の対応を比較することもできる。他にも選択肢はあるが、これら二つの観点だけでも、事例研究や比較研究、定量的研究に至るまで幅広い手法を使い、政策起業家がどのように危機的な出来事を利用しているのかを探ることができる。そのような研究を通じて、例えば、「危機において政府がどのように政策を選択しているのか?」「政策変更の手続きはどのようにして正規のプロセスから逸脱していくのか、あるいはどのような場合にそうならないのか?」「不安定な環境下でどのように政策への支持が形成されていくのか?」について洞察を得ることができるかもしれない。また、政策起業家が「危機発生の可能性やそれに必要な準備を予見し、そして実際にその危機が発生した時には、危機から脱して少しでも安定した状況に移行する方法を提示するまでの一連のプロセス」を追跡調査することもできるかもしれない。

どのような特性が政策起業家の信頼性を高めるのか

政策イノベーションに関するこれまでの多くの研究から、政策起業家が政策決定に影響力を行使できるのは、彼らが幅広い人々から信頼を得ているためであることが明らかになっている。豊富な専門知識を持つことがその人の影響力を高めているという見方もできるだろう。しかし、信頼を得るために政策起業家に常に高いレベルの専門知識を求めることが不可欠なのだろうか？　あるいは、特定領域の専門知識を持つだけでは不十分なケースとはどのような場合だろうか？　これまでに行われた事例研究を見ると、多岐にわたる知識や専門性を有する少人数の政策起業家のチームが、それぞれ一人では到底成し得ない、成功の見込みが薄いと考えられていた政策を実現している。

しかし、信頼性がどのように政策決定プロセスで機能するのか、そして政策起業家がどのように影響力を勝ち取っているのかについてはよくわかっていない。一般的な組織においては、例えば理事会のメンバーや経営責任者のような要職の次期有力候補者となるためには、「招待状」（関係者からの信任）を持っていることが必須条件となる。政治の世界においては、そのような招待状が必要であるかは不明だ。したがって、政策起業家として活動する個人がどのようにして政策決定に影響力を持つことができたのかについては、大いに研究の余地があると言えるだろう。

どのような特性が政策起業家に信頼性を与えるのかを明らかにするには、定性的あるいは定量的なアプローチのいずれも採り得る。この時、この疑問の答えを探求するためには、特定の政策課題に取り組んでいる個々人の資質を注意深く比較すると良いし、現在進行中の政策起業家の活動をターゲットとするのに適している。また、政治的伝記の分析と同様に史的分析を取り入れることが可能であり、特に比較分析のアプローチが有効である。

政策起業家がメディアやソーシャルメディアを最も効果的に活用できるのはどのような場合だろうか

提唱する政策課題に人々の注目を集めるためにメディアやソーシャルメディアを活用することは、政策起業家が使用する戦略に関する近年の研究で議論されてきた。政策起業家は、メディアやソーシャルメディアを二つの理由で活用している。一つは、特定の問題に対する人々の関心を高め、その問題を解決するための活動への支持を広げるためだ。もう一つは、政策を実行した結果として得られた優れた成果を広く世に知らせるためであり、それが政策イノベーションの拡散、つまりダイナミックチェンジを促進する。(3)

新聞やラジオ、テレビのような従来型のメディアは、政治や政策決定において長い間重要な役割を担ってきた。一方で、特定の政治的イデオロギーや政策のアイディアを人々に伝え拡散する上で、ソーシャルメディアが様々な方法で使われるようになっている。政策起業家に関する今後の研究において、彼らがいつどのように、そして何のためにメディアやソーシャルメディアを活用するのかを詳細に分析することは、近代政治についての重要な洞察を提供できるだろう。メディアと政治に関するこれまでの研究から利用できる手法を含め、様々な研究手法が考えられる。

ここで紹介した三つの疑問は、政策起業家に関する研究を前進させるためのターゲットとなるテーマのほんの一部に過ぎない。しかし、これら三つの疑問は、変動性（Volatility）、不確実性（Uncertainty）、複雑性（Complexity）、曖昧性（Ambiguity）の頭文字をとってブーカ（ＶＵＣＡ）と呼ばれる現代の世界に浮上している様々な課題と直結している。政策起業家についての研究を前進させるためには、「だから何なのか？（So what?）」という疑問を持ち続けなければならない。

また、政策起業家に関する一つひとつの新たな研究が、幅広い専門分野の学問的知識をどのように前進させることができるのかについて、注意深く検証する必要がある。そうすることで、既知の知見を単に上書きしたり、新たな政策環境や政策課題に対してこれまでの分析手法を単純に当てはめてしまったりすることなく、新たな知見を得ることができる。疑問の解明に情熱を注ぎ、常に新しい、そして関連性や柔軟性が高い研究プログラムを維持するための方法を探求することによって、近代政治や政策決定プロセス、公共経営に対する理解をアップデートし続けなければならない。

好奇心を満たすための学術的研究（curiosity-driven research）にも一定の価値がある。なぜなら、それらは政治の世界を理解する一助となるからだ。しかし、地域レベルから国際社会レベルまで、現代の世界には数多くの課題が山積していることを考慮すれば、政策起業家の研究を前進させることには実用的なメリットもある。それらの研究によって、地元のコミュニティや、あるいはもっと広い範囲において、経済や社会、環境などの課題解決に取り組む人々の生産性や効率を高めることができるかもしれない。確かな理論に裏打ちされた体系的な研究（theory-driven research）プログラムであれば、政策起業家が創り出すダイナミックチェンジをより明確に説明できるだろう。そのプロセスにおいては、近代政治についての深遠な洞察が得られる。

本書に関心を持ってくださった皆様、ありがとうございます。私のアイディアを皆様と共有できるこのような素晴らしい機会をいただけたことに改めて感謝申し上げます。そして、このような素晴らしい機会を作ってくださった石田祐教授と三井俊介さんに重ねて深く感謝いたします。本書が皆様のお役に立つことを願っています。

二〇二一年九月

マイケル・ミントロム

訳注

（1）本書では、「特定の環境における『新たなアイディアやその設計、そして社会実装』された状況」として定義している。

（2）本書では、「政策イノベーションやダイナミックチェンジなどを包括する活動の総称」と定義している。

（3）本書では、一つの自治体だけでなく、そのイノベーションが他の自治体などに波及した場合と定義している。具体的には、基礎自治体での取り組みが他の自治体で行われることや、国単位での変更が起きた場合などである。

参考文献

Mintrom, M., D. Maurya & A. J. He（2020）"Policy entrepreneurship in Asia: the emerging research agenda" *Journal of Asian Public Policy* 13(1), pp. 1-17, DOI: 10. 1080/17516234. 2020. 1715593

政策起業家が社会を変える——ソーシャルイノベーションの新たな担い手

目次

目　次

人々は自分自身にとって最も重要な選択をするとき、あるいは生涯の目的を達成するための選択をするとき、それまで実現不可能と思い込んでいた数多くの変革を達成できる。

ロバート・フリッツ

第1章　チェンジ・エージェントとしての政策起業家

政策起業家（policy entrepreneur）は、政策イノベーション（政策革新）を促進するために、他者と協力しながら、政策決定に積極的に関わるアクターである。政策起業家に対する注目度はこの数十年の間に急速に大きくなっており、公共政策の研究者のみならず、政府内外の人々も関心を寄せている。公共政策の研究者は、政策決定のプロセスにおいて政策起業家が果たしている役割を理解しようと試みてきた。それらの研究の主眼は、政策起業家という存在が政策決定において、どのような役割を果たしているのか、そしてなぜ重要なのかということだ（Anderson, DeLeo & Taylor 2019；Frisch-Aviram, Cohen & Beeri 2019；Narbutaite Aflaki, Miles & Petridou 2015；Mintrom & Norman 2009）。政策決定に関わる当事者にとっては、政策起業家が政策決定に関与することによって、そのプロセスがどのように改善されるのかが関心の中心である。そのため特定政策における構想から策定のプロセスの改善に寄与する政策起業家に関する知見に注目している（Kalil 2017；Mintrom 2003）。

本章では、チェンジ・エージェント（改革促進者）として政策決定に関わる政策起業家についての知見を基に事例を検証していく。本書は研究者および実践者のどちらにも有用な情報を提供することを意図している。公共政策の研究者に向けては、将来の研究において有望な分野を指し示し、それらの研究を進める上で有効な研究手段を提示する。実践者に向けては、政策起業家に共通して見られる特性や戦略を具体的に示していく。政府内外で働く人々にとっては、キャリアをスタートしたばかりの人々にとっても、管理職を志す人々にとっても、それらの知識が有益であるはずだ。また、政策起業の実例から学ぶことによって、政策構築手法および政策イノベーションを促進する効果的な方法について多くを学ぶことができると考える。

大胆な政策イノベーションを促進しようとする時、政策起業家には、個人の特性において、そして使用する戦略や手法において、次のような共通点が見られることが多くの研究によって明らかになっている。政策起業家は特定の問題を解決するという信念を持っている。彼らは社交的であり、高い社会感受性を持ち合わせている。周囲の人々の信頼を得るために、過去の業績や専門知識、これまでに培ってきた人脈、そして現在の肩書や権力を最大限に活用する。彼らは粘り強く、最後まであきらめようとはしない。

そして、大胆な政策イノベーションを促進しようとする時、政策起業家はいくつかの戦略や手法を用いる。例えば、「問題に対する視点を転換して解決策を再定義する」「人とのネットワークを活用あるいは拡大する」「政策に賛同するアドボカシーグループと協働する」「実行可能であることを模範を示してリードする」「ネットワークを活用して支持を呼び掛ける活動の規模を拡大する」などの戦略や手法がある。しかし、政策起業家には個人の特性や使用する戦略に共通点が見られる一方で、関心の対象である政策や本人の立場、そして支持を求めるための活動の仕方は多様である。

1　ビジネス、社会、政治における起業家

数百年も前から起業家（Entrepreneur）は、新たな商品やサービスを創造し、それらを市場に投入する重要なアクターとして認識されてきた。起業家はそのような活動を通じて、新たな形態の経済活動や社会活動を促進する（Casson 1982 ; Kirzner 1997 ; Schumpeter 1934）。多くの場合、起業家は市場において激しい競争にさらされる。既存の生産者は危機感を抱き、新たな事業者の参入を阻もうとする。しかしながら、ひとたび起業家が成功を収めれば、その市場に大きな変化が生まれる。例えば、技術革新によって、スマートフォンで商品やサービスを購入するのがどれほど容易になったのかを考えてみてほしい。消費者のネット経由でのアクセスが増えるほど、顧客との向き合い方を変えようとしない生産者は需要の減少に直面することになるだろう。このような市場における大きな変化は、現状維持の商

慣行からの脱却を促す合図となる。起業家は物事を他人とは違う方法で実現しようとする点で、一般的な経営者とは一線を画す。多くの経営者は既存の市場に会社を作ることで満足してしまうかもしれないが、起業家は利益を生み出す新たな市場を切り開くために、リスクを承知でそれに挑戦する。

起業家やビジネス市場におけるプロセスについての理解を深める努力が続けられている一方で、何十年も前からビジネス以外の分野に革新をもたらすアクターを特定しようとする研究もなされてきた（Battilana, Leca & Boxenbaum 2009；Bornstein & Davis 2010；Narbutaite Aflaki, Miles & Petridou 2015）。このような新たな探求が行われるようになった理由は、政治の世界や政策決定のプロセス、そして特定の機関や組織において変革を促進している人々が、ビジネス市場の起業家とよく似た特徴を持っているからだ（Kingdon 1984［2011］；Mintrom 2000；Sheingate 2003）。実際のところ、それが市場であれ、あるいは政治や社会、コミュニティであれ、そこで変革を作り出しているアクターには共通の特性と行動が見られる。政策決定のプロセスにおいて、政策起業家は独特の役割を果たしている。彼らは政策イノベーションを提唱し、変革を牽引するという点で、政治の世界に存在する他のアクターとは一線を画す存在である。政策イノベーションを促進する時に政策起業家は、他者と連携し、組織の垣根を超えて協働することを好む。これは政治の世界に身を置く他のアクターにはあまり見られない行動だ。公共政策の研究分野で「政策起業家」という言葉が初めて使われたのは、キングダン（John W. Kingdon）の著書（*Agenda, Alternatives, and Public Policies*）だ。キングダンは、政策起業家を「政府の内外、選挙で選ばれた人あるいは指名された人、利益団体あるいは研究機関など、立場や所属組織を問わず存在している。しかし、その決定的特徴は、ビジネスにおける起業家と同様に、将来のリターンのために、時間や労力、社会的評価、そしてときに財産といった自身の資源を投資する意思を持っていることだ」と定義している（1984［2011］：122）。その後、キングダンに続き、数多くの研究者が政策起業家の定義を議論し、政策起業家に共通する特徴や行動、そして政策イノベーションの成功率を体系的に研究しようと試みてきた。

政策起業家について研究しようとする時、あらゆる形態の政治的働きかけを政策起業に一括りにしてしまうことのないよう注意が必要である。また同様に、あらゆる政策の変化を政策イノベーションと捉えてしまう可能性もある。このような懸念を払拭するために、政策起業家および政策イノベーションの概念を明確化する必要がある。これについては、本章の後半で取り上げる。

2　代表的な政策起業家

政策起業家の定義をさらに明確化する前に、そのようなアクターがどのような人物なのか、そしてどのような政策イノベーションを実現したのかを知っておくことは有用だろう。そのためにも、本節では、四人の政策起業家の人物像を紹介する。いずれも後世に語り継がれる重要な政策を実現した人物だ。彼らに影響を受けた人々は数知れない。その四人とは、元ロンドン市長のケン・リビングストン、カリフォルニアで不動産開発事業を手掛ける企業経営者であるボブ・クレイン、イギリスの元外務・英連邦大臣であるウイリアム・ヘイグ、そしてルワンダの家族・ジェンダー・社会問題大臣を務めたアロイシア・イニュンバだ。ここで取り上げる四人以外にも、政府内外の様々な立場の個人が政策起業家として活躍している。この四人を代表例として挙げたのは、社会的背景や本人の立場がそれぞれ大きく異なることに加え、極めて重大な問題に取り組んだ人物ばかりだからだ。

（1）ケン・リビングストンと気候変動への取り組み

C40都市気候リーダーシップグループ（C40 Cities Climate Leadership Group 以下、C40）は、温室効果ガスの排出削減に合意した世界中の大都市の市長などによって構成されている。このグループへの参加を世界中に呼びかけたのがケン・リビングストンだ。二〇〇〇年から二〇〇八年までロンドン市長を務めたリビングストンは、ロンドンを世界に誇るグローバル都市に育て上げることを目指していた。二〇〇四年に正式発表されたロンドン・プランには、「ロンドンを緑あふれる都市にしたい」というリビングストンの思いが込められている（Acuto 2013）。彼が作成した気候変動アクションプランに則り、ロンドンは使用電力の二五％をより効率的な地元の発電施設から調達し、二〇年以内に炭素排出量を六〇％削減すると宣言した。またリビングストンは、この取り組みに莫大な予算を振り分けると約束した。彼は気候変動とその対策に全力を尽くしたと語っており、温室効果ガス削減のために、その後、輸送や公営住宅、新規大規模開発の分野における自然環境の保全にも力を注いだ。

二〇〇五年、リビングストンは世界の主要都市の市長をロンドンに招き、気候変動サミットを開催した。一八の大都市の代表者がロンドンを訪れ、温室効果ガスの排出を削減するための取り組みが協議された。その協議において、リビングストンは気候変動対策を取りまとめる中心人物だった（Dudley 2013）。この頃、各国政府には、気候変動を止めるための対策の先導を担う役割が求められるようになっていた。「ロンドン宣言」の中でリビングストンは、大都市が世界のエネルギー消費量の三分の二以上を消費しており、二酸化炭素排出量の七〇％以上は大都市から排出されていることを強調した。また、海水面の上昇により都市部の居住エリアの七五％が危機に陥ることを示し、世界の多くの都市が気候変動に極めて脆弱であると主張した（McGranahan, Balk & Anderson 2007）。

Ｃ40都市気候リーダーシップグループの議論においてリビングストンは、目新しいアプローチよりもむしろ、持続可能な、そして地に足の着いた現実的な行動が求められていると主張した（Acuto 2013）。その一方でリビングストンは、二酸化炭素排出量を減らすための革新的な手法を試していた世界中の都市の取り組みから学ぼうとした。建築基準や断熱材、廃棄物処理、交通渋滞、給水システムに着目し、温室効果ガスの排出を短期間で大幅に削減できることをグループのメンバーに示した。

二〇〇五年の気候変動サミットの席で、一八の都市によるＣ20パートナーシップが結成され、各都市の進捗状況を確認し合う会合を開き、国連に報告することを取り決めた共同声明が発表された。このグループの設立は当初、大都市間の既存の連携を公式化する意味合いしか持っていなかったが、加盟する都市の数はすぐに四〇都市に増加し、リビングストンのリーダーシップの下、ロンドンに事務局が設置され、運営委員会のメンバーが指名された。また、特定課題ごとの分科会も作られた。

C40は二〇〇六年にクリントン財団と連携協定を結び、クリントン気候イニシアティブ（CCI）を推進していくことを決議した。この連携によって、いくつかの協働的なサブネットワークが生まれた。都市間でアイディアや情報、データなどが共有できるプラットフォームを提供するために、CCIはC40加盟都市の気候変動対策への予算や活動内容をデータベース化した。

この連携と協働によってC40が都市間の情報共有を強化したことで、各都市の政策イノベーションを促進することができた（Schreurs 2008）。C40の活動範囲と影響力は今も拡大し続けており、近年では、世界銀行やブルームバーグ・フィランソロピーズ、世界資源研究所、イクレイ（ICLEI：持続可能な都市と地域を目指す自治体協議会）と連携協定を結んでいる。C40が世界資源研究所やイクレイと連携したことによって、コミュニティレベルの温室効果ガスの排出状況を報告する仕組みが整備され、複数のプラットフォームからそれらの情報を使用できるようになった。これによって都市レベルの温室効果ガス排出量が初めて国家間で共有できるようになった。これについて詳しくは、著者の論文（Mintrom & Luetjens 2017）を参照いただきたい。

（２）ボブ・クレインと幹細胞研究への投資

幹細胞研究が人類の健康に大きく貢献するのは間違いないが、このような研究への投資には賛否が分かれる。それでも、二〇〇二年にカリフォルニア州は、人間の胚性幹細胞の提供および改変を含む幹細胞研究を正式に認可する法律を制定したアメリカで初の州となった。その法案によって、カリフォルニア州が幹細胞研究の拠点となり、優秀な研究者が呼び寄せることが企図された。この法律を通過させるための活動に付与された予算は一切なかったが、この政策への支持を呼び掛ける活動が実り、幹細胞研究に賛同する個人や財団から多額の支援が集まった。その後行われた住民投票で圧倒的支持を受け、二〇〇四年に「プロポジション71」、別名「カリフォルニア幹細胞研究および治療法研究の推進に関する法律（California Stem Cell Research and Cures Act）」は成立した。

カリフォルニア州の人々に幹細胞研究への支持を呼び掛ける活動の指揮を執ったのは、

ボブ・クレインだ。クレインはスタンフォード大学のロー・スクール（法科大学）卒業で、カリフォルニア州が資金提供する低所得者向け住宅の建設事業で一財を築いた大資産家である。また、不動産開発事業への政府からの支援を維持するため、土地所有権者との交渉をはじめとする豊富な経験を積んできた。そしてもう一つ重要な事実がある。彼の息子の一人が自己免疫反応が引き起こす1型糖尿病に苦しんでいたのだ。このことが幹細胞研究を支持する最も大きなモチベーションの一つになったとクレインは語っている。

プロポジション71は、カリフォルニア州法を改正し、胚性幹細胞研究を推進することを許可するために作られた法律だ。この法改正によって、幹細胞研究を行うための施設であるカリフォルニア再生医療研究所が設置され、その後一〇年間の胚性幹細胞研究を支援するために毎年三億ドルの地方債（一般財源保証債）が発行されることになった。この額は当時のアメリカ連邦政府の幹細胞研究予算額をはるかに上回る。実際のところ、世界のどの国や地域と比較しても突出した予算額だった。

市民に支持を呼び掛ける際、ボブ・クレインは変性疾患の治療法を確立することの重要性を訴えかけた。ゆえに、このプロポジションは「カリフォルニア幹細胞研究および治療法研究の推進に関する法律」とも呼ばれている。法案作成の傍らでボブ・クレインは、べンチャーキャピタルやバイオ系企業の経営者、そして州の主要な医科学研究施設のリーダーと関係を構築していった。法案は（住民投票で決定したことから）州議会を通さずに決定したため、変更もなく、そのまま法制化した。この法律に則った研究の資金は州が発行する債券によって支えられているため、州の財政がひっ迫したとしても予算を削減される心配もなかった。

クレインは、「プロポジション71に賛成しよう（Yes on 71（以下、プロポジション71））」キャンペーンを主導した。彼はキャンペーンの期間中、「幹細胞研究に資金を投入する見返りに、カリフォルニア州は多大な恩恵を受けることができる」と州の政治家や市民に強く訴えかけた。幹細胞研究の進展によって多くの人命を救えることに加え、州内にハイテク産業が集積することによって州の経済の発展が約束されると語り掛けた。カリフォルニア州のプロポジション71は賛成票の圧倒的多数により成立した。その後、クレインは、カリフォルニア再生医療研究所を統括する理事会のメンバーとなり、理事長の職を二期務めた。カリフォルニア再生医療研究所は現在、高い目標を掲げる巨大な組織へと成長しており、世界をリードする幹細胞研究施設の一つとなった。これについての詳細は筆者の論文（Mintrom 2015）を参照いただきたい。

(3) ウイリアム・ヘイグと性的暴力撲滅への働きかけ

戦争や紛争地において、性的暴力が発生しているという事実は古くから知られていたことであり、決して新しい現象ではない。しかしながら、戦争・紛争に関する報道の中でこの言葉が使われる回数は近年になって増加している。一九九〇年代にボスニア・ヘルツェゴビナやルワンダで起きた集団レイプが報道されて以降、多くの紛争地で発生している性的暴力が報告されるようになった。二〇〇〇年には、武力紛争が女性や子供に与える負の影響を重く見た国連安全保障理事会が、紛争地における性的暴力を重要課題として扱うことを初めて表明する安保理決議1325「女性・平和・安全保障（Women, Peace and Security)」を採択した。さらに二〇一〇年には、その改訂版である安保理決議1960が採択された。この決議には、武力紛争地域における性的暴力を監視するために国連職員を現地に派遣し、現地の状況と性的暴力の加害者に関する情報を逐一報告することが明記されている。

イギリスの外務・英連邦大臣（二〇一〇-一四）だったウイリアム・ヘイグは、安保理決議1325の国際認識と行動指針を受け入れ、直ちに外務・英連邦省の活動に取り入れることを決めた。ヘイグは紛争地における性的暴力を、外交政策の決定において考慮に入れなくてはならない問題として重要視した。影の外務大臣（野党の外務大臣）だった頃に紛争地を視察した経験のあったヘイグは、イギリス政府にとって紛争地の性的暴力が重大な懸念事項であると認識していた。

外務・英連邦大臣に就任したヘイグは、彼が二〇一二年に立ち上げた「紛争地の性的暴力防止イニシアチブ（Preventing Sexual Violence in Conflict Initiative）」（以下、ＰＳＶＩ）への参加をイギリス政府や国際社会に訴えかけた。このイニシアチブの開始を宣言する会見には、アンジェリーナ・ジョリーも出席し、彼女が監督および脚本を務めた『最愛の大地（In the Land of Blood and Honey）』が上映された。アメリカの有名映画女優でもあるアンジェリーナ・ジョリーは、国連難民高等弁務官事務所（UNHCR）の特使でもあった。会見の席でヘイグは、ボスニア・ヘルツェゴビナ紛争だけで五万件のレイプが発生しているにもかかわらず、告発された件数はわずか三〇しかないことに大きなショックを受けたと語った。ヘイグは、ＰＳＶＩを彼の外交政策の中心に据え、国際平和と安全保障を追求していくことを宣言した。

ヘイグのイニシアチブによって三つの活動が実現した。一つ目は、性的暴力の抑止および被害者救済のためにイギリスの専門家チームが紛争地域に派遣されたことだ。二つ目は、

PSVIは外務・英連邦省のあらゆる活動に組み込まれ、国家間で情報を共有することができるようになったことだ。そして三つ目は、紛争地の性的暴力防止を掲げた外交キャンペーンがスタートしたことだ。二〇一三年のG8サミットがイギリスで開催されることが決まると、ヘイグは議長国の特権を利用してPSVIを世界に広げようと模索した。一般的に世界の首脳が集まるサミットでは、世界経済および貿易摩擦が主たるテーマとなる。世界平和と安全保障の脅威として性的暴力をG8サミットの議題に掲げるのは、前例のないことだ。しかし、ヘイグは、紛争地の性的暴力撲滅を目指して共同歩調をとることをG8の首脳に宣言させることができた。このPSVI活動には二〇一二年以降、二〇〇〇万ポンドの予算が割り当てられている。これについての詳細は、デイビスらの論文（Davies & True 2017）を参照いただきたい。

（4）アロイシア・イニュンバとルワンダの女性の政治進出

一九九四年四〜七月、アフリカのルワンダでは、フツ族が大多数を占めるルワンダ政府の主導によってツチ族の大虐殺が発生し、その陰ではツチ族の女性への集団レイプが起きていた。この数カ月間にルワンダ国内のツチ族の約七〇％が殺害された。中には、フツ族の一般市民に鉈《なた》や棒で殺害された人々もいた。死者数は五〇万人を超えたと言われている。殺戮と性的暴力は、ポール・カガメが率いるツチ族系の反政府勢力「ルワンダ愛国戦線」が政権を奪取したことによって終わりを迎えた。その後、カガメは一九九四年から二〇〇〇年まで副大統領と国防相を兼任した。そして、二〇〇三年には大統領選挙に勝利したカガメが大統領に就任する。国民にとってカガメはルワンダに平和を取り戻した英雄だった。しかし、ルワンダの社会情勢の安定化と経済発展への道筋をつけたのは、むしろ彼を支えた仲間の政治家たちだった。アロイシア・イニュンバは、ルワンダで展開された政策イノベーションの中心にいた人物の一人だ。

アロイシア・イニュンバの両親はルワンダ人のツチ族だったが、彼女が生まれる直前に父親が殺害され、母親は五人の子供を連れてウガンダへ逃れたため、彼女はウガンダで生まれた。ウガンダの大学を卒業したイニュンバは、ルワンダの現政権に対する反政府活動をウガンダで展開していたポール・カガメに誘われて、ルワンダ愛国戦線に参加し、ルワンダ難民キャンプのコミュニティ・オーガナイザー（地域住民のまとめ役）として活動を始めた。数年後には財務責任者を任され、彼女は世界中を駆け巡り、ルワンダ愛国戦線の軍事活動への支援を求めた。ツチ族の大虐殺が終息し、新政権が発足すると、イニュンバは

「家族・ジェンダー・社会問題大臣」に就任した。平和的に国家を再建するためには、女性の社会参加による草の根的なコミュニティ活動が不可欠であると考えた彼女は、自身のスキルと経験を活かして地域住民に積極的な政治および社会活動への参加を呼び掛けた。イニュンバはさらに、紛争によって親を亡くした大勢の子供たちをツチ族・フツ族関係なく養子として迎えるよう女性たちに訴えかけた。彼女の働きかけによって、ルワンダ国内では女性の地位が向上し、女性の政治参加も活発化した。彼女の活躍により、家族・ジェンダー・社会問題省の取り組みはルワンダ社会の活性化に大きく貢献し、国際社会から多くの支援を受けた。

一九九九〜二〇〇一年、イニュンバは「国家統合・和解委員会」の事務局長を務め、地域レベルで協力して活動する意義を国民に伝えるためのプログラムを実行した。家族・ジェンダー・社会問題に関する担当大臣として活動した際に培った知識と経験を活かし、イニュンバは地域レベルの草の根的活動を重視した。ルワンダの和平プロセスには世界中から称賛の声が集まった。彼女は和解委員会の職を辞任した後、二〇〇四年に設置が決まったルワンダ議会の上院議員に選出された。そして二〇一一年には、ジェンダー・家族推進大臣として内閣に復帰することになり、二〇一二年にこの世を去るまで指揮を執った。

彼女の死の報を受け、世界中から哀悼の声が届いた。あるコメンテーターは、「彼女の人間性や穏やかな話し方、しとやかな振る舞いは、鉄のように固い彼女の強い意志を覆い隠していた」と述べた（Melvern 2013）。二〇一二年には、ルワンダは世界のどの国よりも女性議員の比率が高い国となっており、政府の主要ポストの半数以上を女性が占めている。これだけの女性の社会進出を達成できたのは、イニユンバの功績が大きい。性別や民族に関係なく、すべての人々の資源や才能を活用することが大きな力になると知っていた彼女は、キャリアを通して「平等」を訴え続けた。地域レベルの強固なガバナンス構造を築いた彼女の取り組みのおかげで、地方から中央政界へと優秀な女性の人材が集まるようになった。この詳細は、メルバーン（Melvern 2013）およびムニャネザ（Munyaneza 2012）の論文を参照いただきたい。

3　政策起業家に共通して見られる特性

政策起業家を定義すると、「問題を解決しようとする強い信念を持ち、社会感受性を研ぎ澄まし、周りの人々の信頼を得て、社交性と粘り強さを発揮する人々」となるだろう。

それぞれが抱えていた特定の問題を解決するために大胆な政策イノベーションを実現した前述の四人の政策起業家のように、政策起業家には次の五つの特性が共通して見られる。

(1) 信　念

大胆な政策イノベーションを牽引するためには、それと真正面から向き合い、情熱を傾けなければならない。それを実行しようとする者は、より良い未来を志向する大きなビジョンに駆り立てられている（Collins 2001 : Quinn 2000）。特定の問題を解決しようとする信念こそが、政策起業家のあらゆる行動の源泉になっているのだ。前述したように、キングダン（Kingdon 1984［2011］）は政策起業家を「将来のリターンのために、自身の様々な資源を投資する意志を持っている人物」と定義した。信念が、人々をそのような投資に駆り立てるのだ。さらには、問題の解決に取り組む姿に垣間見える情熱や意志が、周りの人々の心を動かし、彼らに対する信頼を高める。信念を示すことで、政策起業家は周りの人々にその活動の正当性を確信させ、その活動への参加意欲をかき立てる。

(2) 社会感受性

政策起業家には高い社会感受性が要求される。政策イノベーションを促進するのは容易なことではない。多様な社会的および政治的背景を持つ人々にそれが受け入れられなければ、前に進むことはできない。自身の高い社会感受性を通じて、政策起業家は人々がその問題をどのように捉えているかを感じ取ることができる。すなわち、「どうすれば人々の関心やモチベーションを理解し、効果的に自分の信念を伝えられるのか?」「出会った人々とのネットワークを、どのように活用していくのか?」、そして「政策決定のプロセスにおいて、どのような政治的サポートや政策議論、エビデンスが最も効果的に働くのか?」という難題に対して、優れたアイディアを導き出すことができる。

(3) 信頼性

政策起業家は、強固な協力関係を構築することによって政策イノベーションを促進する役割を果たす。他者をその活動に惹きつけるためには、高い信頼を得ていなければならない。彼らは信頼を勝ち取る方法をいくつも持っている。特定の分野の専門知識やスキルを発揮すること、政府内外の要職に就くこと、あるいは人々の心に響くような過去の経験や業績を語ることなどがそれに含まれる。「この人なら実現できるかもしれない」と感じることができた場合にのみ、人々はその問題の解決に力を貸そうと考える。

(4) 社交性

推し進める特定の政策イノベーションを選択するのは本人の意志だが、政策起業家は周りの人々がそのアイディアにどのような反応をする可能性があるのかを常に考えなければならない。政策起業家は他者と共感し、それらの人々のニーズを理解する能力を持っていなくてはならない。そのためには高いレベルの社交性を持っている必要がある。社交性は、概念的にも実践的にも社会感受性とは異なる。すべての政策起業家にとって社交性は不可欠の資質と言える。社交性に優れた人は、相手と価値観が合わない時にも、高いコミュニケーション能力によって、相手に「自分の考えが評価されている」と感じさせることができ、結果として広範な人々とネットワークを構築し、協力者のグループを形成できる。そのプロセスにおいて政策起業家は、それら協力者たちの特定の行動が、政策のイノベーションによって達成できる大きな成果へとどのように結びついていくのかを「見える化」して示す。

（5）粘り強さ

最後に、政策起業家は粘り強くなければならない（Duckworth 2016：Mintrom 1997a：Quinn & Quinn 2009）。筆者らは、この「粘り強さ」という言葉を「たとえゴールが見えないほど遠くにあるとしても、大きな目標に向かって進み続けようとする意志」と定義している。多くの場合、政策起業家は極めて複雑な状況の中で前進していかなければならず、しかもその目標を達成できる見込みは非常に小さいと思われることから、この特性は極めて重要である。政策イノベーションによってもたらされる成果を明確に伝えることによって、協力者は目的を見失うことなく、高いモチベーションを維持していくことができる。

これら政策起業家の特性を知ることによって、政策起業家がどのような行動をする傾向があるのか、そして他者とどのように協力していくのかについて、重要な洞察を得ることができる。前述した四人の代表的な政策起業家を思い返してみると、それぞれスタイルこそ異なるが、これらの特性を持ち合わせていることがわかる。まず、彼らが重要な問題の解決に対して強い信念を持っていることは言うまでもない。また、方法はそれぞれ異なるが、彼らは皆、明確な政策イノベーションの目的と手法を提唱し、その活動への支持を周囲に呼びかけている。その影響力はとてつもなく大きい。例えば、彼らが提唱する政策イノベーションは、人々がさらなる政策イノベーションを起こすモチベーションとなるかもしれない。気候変動の問題の重要性を唱え、温室効果ガス削減に向けて世界の大都市に協力を呼び掛けたケン・リビングストンの活動は、その後の気候変動の新たな取り組みへとつながった。人々の信頼を得るという観点でも、四人はそれぞれ独自の方法を見つけ出している。過去の経験を最大限に活用したという点では、アロイシア・イニュンバがその好例である。彼女はコミュニティ・オーガナイザーとして培った経験を活かし、ルワンダの民族対立の和解を先導し、国家を平和と繁栄の道に導いた。そして、四人は高い社会感受性と社交性を持ち合わせている。特に、政策を実現するために、支持グループを結成する際には、それらの能力を最大限に発揮している。そして最後に、彼らは粘り強い。すべてのケースにおいて、無謀とも思えるような、そして情熱を共有していない人々から妨害されてもおかしくないような大胆な政策イノベーションであるにもかかわらず、それを最後まで貫いている。

4　使用する用語の定義

前述したように、あらゆる形態の政治的働きかけを一括りに政策起業と捉えてしまうのを避ける必要がある。同様に、あらゆる形態の政策に見られる変化を政策イノベーションと捉えてしまうことにも懸念を持っている。したがって、本書で扱う用語をここで簡単に定義しておきたい。四人の政策起業家の事例で示したように、政策起業家は現状を打破するための行動を起こす。政策起業家は、政策決定の領域に公共政策の新たなアイディアを吹き込む。遡れば、ロジャーズはイノベーションを次のように定義している。

「イノベーションとは、個人あるいはその他の採用単位（その採用を判断する人々のグループ）によって新しいと認識されたアイディアであり、行為（手技）であり、あるいはモノである。それには人間（の主観的な判断）が関わっていることから、時を経てそのアイディアを客観的に見た時に新しいかどうかは、それほど大きな意味を持たない」（Rogers 1962［2003］：11）。

この定義を取り入れるとしたら、政策イノベーションには、特定の環境における新たな「アイディアやその設計、そして社会実装」が含まれることになる。ある自治体で現状維持のための平凡な政策と判断されたアイディアが、それを採用した経験のない別の自治体では革新的な政策として受け入れられるかもしれない。特定の政策イノベーションの重要性は、それぞれの機関ごとの背景に言及しない限り判断することはできない。国家レベルでは些細な変化に過ぎない政策も、地域レベルではそれが大胆な政策イノベーションと捉えられるかもしれない。

政策起業家には、自身の新たなアイディアを実現する能力が求められる。持てる能力を駆使して、行政区の法律や政治制度による制約を巧みに自分の味方につけられるかどうかは、政策起業家としての手腕の見せ所である。自身の新しいアイディアを、現行の政策と同じか、あるいはほんのわずかな修正を加えただけのように見せることができる政策起業家は、現行の政策から大きくかけ離れた大胆な政策イノベーションをあからさまに誇示する政策起業家と比べて、あまり強い反対を受けることはなく、またそのような資質をそれほど必要としない。したがって、特定の行政区において、政策起業家にどのような資質が必要か、そしてどのようにそれらの能力を活用できるかを理解することは、政策のアイディアの本質に関わる重要なポイントとなる。

本書では、政策起業家がどのように大きな変革を促進するのかについて、折に触れて示していきたい。後述するが、ある政府機関で行われた政策イノベーションが、他の政府機関の政策へと波及した時により大きな政策イノベーションが起こる。このようなプロセスを、ダイナミックチェンジと定義する。本書全体を通じて言えることは、政策起業家はより大きな政策イノベーションを成功に導く重要なアクターだということだ。

5　政策起業家に関する研究

政策決定のプロセスにおいて重要な役割を果たすアクターに「政策起業家」という言葉が使われるようになって以来、政策起業家に対する関心は高まり続けている。第1章では、政策起業家の行動および彼らに共通して見られる特性について概説した。第2章では、政策起業家が自身の目指す政策を実現するために使用する様々な戦略や手法について検証する。第3章では、政策決定のプロセスに関する既存の概念を紹介し、政策起業家の概念がそれらとどのような関わりを持つのかを探っていく。それを理解することによって、政策起業家がどのようにして政策決定プロセスに組み込まれていくのか、そしてなぜ彼らが研究対象として重要なアクターなのかが明らかになる。第4章では、政策起業家が促進する政策の成否が単に彼らの行動によって決まるという思い込みを払拭したい。置かれた状況に政策起業家がどのように対応するのかを検証し、いくつかの共通する背景因子の存在の有無が政策の成否に大きく影響する可能性について検討する。第5章では、政策起業家および変革プロセスのスケールアップについての将来の研究の方向性を示唆したい。それらのアクターやそれによる公共政策への影響の大きさについての今後の研究において、極めて有望ないくつかの研究分野を提示する。本書の結論となる第6章では、政策起業家が今後も注目すべき重要なアクターとなることを改めて示したい。

社会的な変化や技術革新、そして環境的な変化によって、あらゆるレベルの政府における公共政策に様々な変革が求められるようになることから、今後数十年にわたり、「政策起業」の重要性は、これまで以上に高まると考えられる。

第2章　政策起業家とはどのような行動をする人物なのか

政策起業家は、現状維持のための政策決定の慣習を打破し、自らのアイディアを政策イノベーションへと変換しようとする。この点で政策起業家は、既得権益や現在の力関係を維持することを最優先する多くの利益団体のリーダーとは一線を画す。政策起業家の政治的活動を検証することを通じて、彼らのどのような行動が大胆な政策イノベーションを促進するのかについて重要な洞察を得ることができる。

そのような検証を始めるにあたっては、政策起業家を特定する手段が必要である。まずは、新たなアイディアを実現して大胆な政策イノベーションを成し遂げようとしている人物を探すことから始めるのが良いだろう。特定の行政区において全く新しい革新的な政策を促進しようとしている人物であるかもしれないし、すでにある政策に何らかの手を加えた人物がそれに該当するケースもあるだろう。政策起業家が関心を寄せる政策課題は、そしてその問題に関心を寄せる理由や動機は多岐に渡る。しかしながら、政策イノベーションが彼らに共通する目的なのであれば、それらの人々の行動には特定のパターンが見られるかもしれない。

政策起業家は、政策決定プロセスにどのように関わるのだろうか。政治学者は、近年、政策起業家の行動を体系的に検証する試みを始めている。それらの研究は、自治体レベルから国際レベルに至るまで、幅広い異なる政策決定プロセスを対象としている。本章では、政策起業家に共通する行動についてのこれまでの研究から得られた知見を検証したい。政策起業家についての研究の基礎を築いたのは、キングダン（Kingdon 1984［2011］）、ミントロム（Mintrom 2000）、そしてロバーツとキング（Roberts & King 1996）だ。その後の研究によって、政策起業家は、「問題に対する視点の構築」や「チームビルディング」「ネットワークの活用と拡大」などの戦略を用いることがわかってきた。近年の研究ではさらに、「実現可能性の明示」や「アドボカシーの規模拡大」にもスポットライトが当てられている（Frisch-Aviram, Cohen & Beeri 2019；Mintrom & Luetjens 2017；Mintrom & Thomas 2018）。さらにその後、政策起業家の行動に見られる共通の特徴についての理解が進むにつれて、政策起業家の根幹をなす行動が明らかになった。それは、「戦略的思考」だ。

政策起業家に共通して見られる行動を検証する上で、筆者はそれらの重要性を順位づけするつもりはない。個人差こそあれ、それらの行動はすべての政策起業家に見られるはずだと筆者は推定している。ある特定の行動への依存が大きい政策起業家もいるだろう。これは、それぞれの環境における政治的背景や本人の能力に影響を受けると考えられる。例えば、政策課題に対する視点の構築（フレーミング）や再構築（リフレーミング）を極めて得意とする政策起業家もいるだろう。問題の視点（捉え方）を変えることによって、彼らが促進する政策イノベーションを支持する人々を増やしていくことも容易になる。あるいは、他者とのネットワークを形成するのが得意な政策起業家もいるだろう。組織の垣根を超えてネットワークを形成できる人は、それらの交流を通じて新たな政策のアイディアや戦略を発見し、それを自身の行政区で実践できるかもしれない。

しかしながら、そのためには本人が政府内外にかなり広範な人脈を持っているか、あるいはそのような広い人脈を持つ仲間を持っている必要がある。これから本章で検証するそれらの行動には、洗練された社会的スキルが求められる。したがって、第1章3で述べたように、政策起業家には高い社会感受性と社交性が不可欠である。

1　戦略的思考

戦略的な思考をする時に、人は、それぞれの目的を頭に描き、その目的を達成するために必要な行動と資源を特定する。他者の存在に起因する、あるいは他者が自身の目的を達成しようとする時に起こる「不確実性」や「混沌」が、戦略の実行を難しくする。どのような働きかけをしても、他者の行動や振る舞いが変わらないとは決して考えるべきではない。ゲーム理論の概念を拝借するならば、私たちは他者の合理的判断によって常に変化する状況の中で行動しなければならないことから、戦略的思考はあらゆる場面で必要不可欠だ（Dixit & Nalebuff 2008）。任務を全うするために、人々には、戦略的に考え、行動することにインセンティブが働く。実際のところ、公共管理学や経営学の分野では、戦略的思考の習得に重点が置かれている。しかし、正式なトレーニングを受けていない多くの人々も、自分自身の目的を達成するための効果的な戦略を見出すことができている（Mazzeo, Oyer & Schaefer 2014）。

政策イノベーションを促進するために、政策起業家は極めて戦略的なアクターでなければならない。キングダン（Kingdon 1984［2011］）が使った有名な言葉を引用すれば、政策決定のプロセスで、政策起業家は「政策の窓（windows of opportunity）」を効果的に活用する。政策の窓は、政策起業家が問題視している現状と彼らが実現したい政策との間に存在する。もちろん、そのような政策の窓の存在が認識され、窓を開放して議論が進められなければ何も変わらない。政治的アクターは、政治や政策決定の世界に満ち溢れる多くの雑音や混乱の中から、それらの機会を感じ取る高いスキルが求められる。だからこそ困難なイノベーションを推進する上で戦略的思考が不可欠なのだ。

このように高いレベルのスキルが要求される行動ばかりというわけではない。政策起業家や政策決定者が自身のパフォーマンスを向上させるために、そして政策実現の可能性を高めるために、活用できる戦略的行動は数多く存在する。この観点では、カリル（Kalil 2017）が、クリントン政権およびオバマ政権の大統領上級顧問としての経験および「自称」政策起業家としての経験から培ったいくつかの有用な洞察を提供してくれている。カリルは、明確なゴールを設定し、特定の問題を解決するために、あるいは壁を取り除いて他者と協働するための効果的な方法を導き出すために、政策課題の解決策についての豊富なアイディアが詰まった「ツールボックス（道具箱）」を持つことの重要性を説いている。

もちろん、これらの行動は、政策起業家だけに必要とされるものではない。人々が持つ他の様々なスキルと同様に（Mintrom 2003）、それらは政策起業に携わるすべての人々が高い成果を実現する上で不可欠なスキルだ。高い専門性と戦略性を発揮したいと誰もが考える実践の場においては、政策起業家はゲーム巧者でなければならない。政策の専門家としての十分な経験なしには、あるいは戦略的思考の不足を補うだけの他者との良好な関係を築けていない場合には、政策イノベーションの成功の見込みは薄い。

2　問題に対する視点の構築——問題のフレーミング

政策課題の設定における政治力学は，過去数十年間，政治学者によって探究されてきた（Allison 1971；Baumgartner & Jones 1993；Nelson 1984；Rochefort & Cobb 1994；Schneider & Ingram 1993；Schön & Rein 1994）。政策領域の問題は常に複数の側面をはらんでいる。それらの問題をどのように捉えるのか，あるいは政策協議においてどのような側面が議論の中心になるのかによって，その政策課題に関心を示す個人およびグループが変わってくる。つまり，政策イノベーションを呼びかけるアクターは，その問題を別の新たな視点から捉えて表現することによって，その政策への支持を広げることができるということだ（例えば，Stone［1997］参照）。すなわち，問題の視点を転換することによって，「特定の問題が，どのように自分たちの関心事に影響を与えるのか」についての見え方を変えることができる。この観点でいえば，政策課題の視点の構築（問題のフレーミング）はすべて政治的働きかけである。効果的に問題の視点を構築するためには，高い社会感受性に加え，意見が対立した場合の調整能力や交渉力といったスキルを必要とする（Fisher, Ury & Patton 1991；Heifetz 1994）。

問題の視点を構築する時に、多くの政策起業家が使用している方策がいくつかある。中でもよく使われるのが、「危機が目の前に迫っていることを示唆するエビデンスを示す」(Nelson 1984；Stone 1997)、「現行の政策の欠陥を明確に伝える方法を採用する」(Baumgartner & Jones 1993；Henig 2008)、「その問題と直接的な利害関係のないアクターからの支持を得る」(Levin & Sanger 1994；Roberts & King 1991；Schattschneider 1960) などがある。比較的最近のデウルフとボウウェン (Dewulf & Bouwen 2012) の研究では、問題の視点の構築には双方向性があることが強調されている。この研究によれば、政策起業家は、修辞的な(大袈裟な)話術を使いながら相手を説得する意図を持って、協議の前に問題の枠組みを構築しておく「設計家」的な要素を持っているというよりも、むしろ相手との話し合いを通じて、置かれている状況への理解を進めていく「会話のプロ」的な要素を持っている。

第1章で、元ロンドン市長のケン・リビングストンの功績を紹介した。彼の行動は、大きな影響力を持つC40気候変動リーダーシップグループの活動へとつながった。彼のエピソードから、問題をフレーミングする有効性を学ぶことができる。それは、彼が気候変動への対策を行う中心的な役割を「国家」にではなく、「都市」に呼びかけたことだ。この視点の転換は、極めて大きな効果を持っていた。「気候変動の問題は都市部の住民が直面している重要課題である」と呼びかけることによって、リビングストンは世界の大都市のリーダーたちに気候変動の対策を先導する役割を果たすよう促した（Betsill & Bulkeley 2007）。グループのメンバーである世界の都市の市長たちも視点を変えて、人口増加や都市開発計画、公共事業などの都市が直面している大きなプレッシャーを「好機」と捉え、より効率的な設備や都市計画を通じて二酸化炭素排出量の削減を達成している（Kern & Bulkeley 2009 : Rabe 2004 : Victor, House & Joy 2005）。

さらにいえば、気候変動を喫緊の課題として示したリビングストンの視点の転換は、世界中の都市に「今すぐできる現実的な取り組みをしなければならない」と気づかせることに成功した。リビングストンも語っているように、二酸化炭素排出量を削減するための有効な対策を世界の都市間で共有することによって、大きな成果を迅速に達成することができた。人口や経済、環境などの政策課題に対して都市が主要な役割を担えることを、リビングストンは実証したといえるだろう。

3　チームビルディング

ビジネスの世界における起業家と同様に、政策起業家はチームプレイに長けていなければならない。彼らは政策イノベーションの旗振り役となるが、その求心力の源泉は彼らのアイディアが持つパワーだけから得られているわけでもなければ、彼らが超人的なパワーを持っているからでもない。ペトリドゥは、「起業家的行動はチームによって行われるのであって、一人の孤立無援の人物による英雄的行動ではない」と述べている（Petridou 2014 : S22）。政策起業家は、他者と効果的に協働することによって力を発揮することができるのだ。チームビルディングにおける政策起業家の活動にはいくつかの形態がある。第一に、政策起業家は多くの場合、異なる知識やスキルを持つ個人によって構成された結束の強いチームを形成し、変革を実現するために相互にサポートし合う（Meier 2002 : Mintrom, Salisbury & Luetjens 2014 : Oborn, Barrett & Exworthy 2011）。第二に、政策起業家は個人およびビジネスのネットワークを最大限に活用する（Mintrom & Vergari 1998）。そして最後に、政策起業家は政策イノベーションを促進するために、その政策を支持するグループを結集し、協働を促していく（Mintrom 2013：Mintrom & Vergari 1996）。

他者と良好な関係を築いており、政策決定に関わる人々と多くのつながりを持っている政策起業家は、彼らが目指す政策イノベーションを実現する可能性が高い（Kingdon 1984 [2011]：Rabe 2004）。なぜなら、そのような政策起業家は、支持を得なければならない人々のニーズや関心を理解しているからだ。政策に関する情報や優れた戦略の発想は、チームで活動している時に得られるケースも少なくない。古くはロバーツとキング（Roberts & King 1996）の研究でそれが報告されている。その研究報告によれば、ミネソタ州における公立学校への進学を促進することを目的とした取り組みが成功した要因は、複数の政策起業家による強い結束を持ったチームが形成されていたことにあるという。そのチームには、大胆なアイディアを持ち寄る一般市民が参加していたことに加え、議会の手続きに精通し、大胆な政策イノベーションを後押しした地元のベテラン議員も加わっていた。ミントロム（Mintrom 2000）も同様に、他の州で行われた公立学校への進学促進を目的とした政策起業家らのチームの活動成果について報告している。

政策イノベーションの実現を支える「チーム」の重要性をふまえ、続いてはチームビルディングから派生する政策起業家の二つの行動の有効性についても検証したい。それは

「ネットワークの活用と拡大」と「アドボカシーグループとの協働」だ。

4　ネットワークの活用と拡大

モア（Mohr 1969）の組織改革の研究，およびウォーカー（Walker 1969）の政策イノベーションの伝播の研究まで遡ると，特定の環境下において変革を促進するアクターは，他分野の人々から関連する知識を獲得していることがわかる。カンメラーとナメハタ（Kammerer & Namhata 2018），そしてトゥルーとミントロム（True & Mintrom 2001）などの多くの研究者が，組織の垣根を超えてつながり合う政府内外の人々のネットワークに参加することによって，政策イノベーションの成功確率が大きく高まることを証明している。政策起業家は，知り合った人々とのネットワークの大きさがスキルと知識の幅を決める重要な要素であり，それらを身に付けることによって，変革の取り組みへの幅広い支持を受けられることを理解している（Burt 2000 : Knoke 1990）。前述したように，組織内外の人々によるチームビルディングという観点は，政策起業家がネットワークをどのように活用するのかを考える上でも関連深い。ミントロムとベルガリ（Mintrom & Vergari 1998）は，複数の自治体の関係者間で形成されたネットワークに参加することは、政策起業家が促進する政策が議会承認を得る時に助けとなることを示した。

また同時に、それらの政策起業家たちにとっては、自身が所属する自治体内の政府内外のネットワークに参加することは、促進する政策に対する議会の賛成を得る上で不可欠であることがわかった。すなわち、アイディアを構築し、それを伝播していく上で、外部の人々とのつながりが極めて重要な役割を果たすということだ。そして政策イノベーションを実現するためには、政府内部の人々とのつながりも重要である。これについては、議員の信頼を得るために、そして政策課題の議論に影響を与えるために、政策起業家が議員に情報提供する行動の重要性を明らかにしたアンダーソンら（Anderson et al. 2019）の研究からも示唆されている。

第1章2で紹介したウイリアム・ヘイグの性的暴力撲滅の取り組みは、これを有効に活用した事例といえるだろう（Davies & True 2017）。イギリスの外務・英連邦大臣だった（二〇一〇-一四）ヘイグは、ボスニア・ヘルツェゴビナやルワンダで起きたような残虐行為が二度と繰り返されることのないようにするために、世界の国々に変革を呼びかけた。彼は最初に、イギリス政府の政策を彼が目指すゴールへと向かわせた。イギリス国内においては彼の権力を使ってそれを実現できた。しかしながら、他国への働きかけを成功させるためには異なる戦略を用いる必要があった。ヘイグは国家や組織の垣根を超えて協力を求め、彼の政策の実現を支持する人々のネットワークを効果的に活用した。特筆すべきは、彼が二〇一三年のG8サミットを、他国に働きかける絶好の舞台と捉えたことだ。開催国としての主導権を存分に活かして、紛争地における性的暴力の根絶を目指す姿勢を明確にする共同声明を出すことを提案し、G8メンバー間の合意を取り付けた。そのプロセスにおいて、彼は、この問題に対する関心を高めるために、そしてこの問題に対処することの重要性を諸外国政府に認識してもらうために、必要な情報や行動について注意深く検討した。ヘイグは彼が持っていた国際的な人脈（ネットワーク）を活用し、そして、さらにそれを広げていくことで、性的暴力撲滅の政策イノベーションを効果的に進めることができた。

5　アドボカシーグループとの協働

アドボカシーグループとの協働は、変革を促進するチームビルディングや人々とのネットワークの活用と拡大に極めて強い関連がある。サバティア（Sabatier 1988）が提唱した

「アドボカシー連携フレームワーク（Advocacy Coalition Framework）」は、その後の公共政策の研究に大きな影響を与えた。サバティアは、アドボカシー連携（advocacy coalition）を「基本的な価値観、因果関係に対する認識、そして問題意識などについて特定の信念を共有しており、長期にわたり協働して熱心に活動を行う（政治家や政府職員、利益団体のリーダー、研究者などの）様々な立場の人々からなる集合体」と定義した（Sabatier 1988：139）。アドボカシーグループを一つに結束させる接着剤として働いているのは、特定の政策課題に対して共有している信念だ。「アドボカシー連携フレームワーク（Advocacy Coalition Framework）」の概念によれば、アドボカシー連携のメンバーは、些細な点で意見が分かれることはあっても、意見の違いは限られた範囲内である。また、このフレームワークは、短期的な個人的関心に駆られて利便性を求めるグループが政策の方向性に影響を与える可能性を否定している。ミントロムとベルガリ（Mintrom & Vergari 1996）はミシガン州の実例を挙げて、政策起業家が既存のアドボカシーグループとどのように協働し、公立学校への進学率を高めるための政策を実現したのかを説明している。政策起業家がアドボカシーグループの結成に直接関与するケースもあるだろうが、むしろ既に存在するグループの影響力を強めるための働きかけをするケースの方が一般的と考えられる。

カリフォルニア州の市民に幹細胞研究への投資の意義を訴えかけたボブ・クレインの活動は、政策起業家がどのようにアドボカシーグループと協働するのかを説明する格好の事例といえるだろう（Mintrom 2015）。カリフォルニア州の有権者にプロポジション71への支持を訴えかける前に、クレインは強い影響力を持ったグループを味方につける必要があった。彼はアドボカシーグループを一から新たに作り上げたわけではない。既に存在していたいくつものグループを一つにまとめる方法を見出したのだ。つまり彼の賢い点は、複数のグループに働きかけて、彼が目指す政策の変革の実現に向けて協力体制を作ったことだ。この観点においては、この政策イノベーションによって大きな恩恵を受けることになる大学を味方につけ、プロポジションの構想づくりに協力させることができたことが大きな力になった。大学はあらゆる関連州法を順守しなければならないが、結果として、通常の大学運営手順から大きく乖離することなく、彼の政策を支持する活動を続けることができた。

また、大学の職員は、彼の理念を守りながら、同時に市民の過半数の賛成票を集めるために、どのようにプロポジションを修正するべきなのかというクレインにとって重大な問題を解決した。他の複数のグループも別の観点でこの活動に協力しており、プロポジションの成立に貢献した。

アドボカシーグループの規模は、その政策の変革への賛同の声の大きさを示す上で極めて重要な意味を持つ。またアドボカシーグループのメンバー構成が、その政策提言への支持層の幅をアピールする格好の材料になる。したがって政策起業家は時に、その変革とは無関係に見えるグループからの支持を集めようと奔走する。アドボカシーグループのメンバー構成が、その変革に反対する意見を弱める効果を持つこともあるのだ（Baumgartner & Jones 1993）。ボブ・クレインは、カリフォルニア州を幹細胞研究の拠点とすることの利点を多くの一般市民に伝える方法を見つけた。言うまでもなく、支持を訴える活動の中で彼は自分自身の子供が進行性の糖尿病と闘っていることを公表し、幹細胞研究の進展によって新たな治療法が開発されることを期待する同じ境遇の人々や難病に苦しむ子供の家族およびその知人からの支持を獲得していった。

6　実現可能性の明示——模範を示してリードする

率先垂範型のリーダーシップは、政策起業家および彼らが提案する政策イノベーションが信頼を獲得するためのもう一つの手法だ。実際に実行して見せ模範を示すことによってその変革の実現可能性を示すことができる。リスクを回避しようとする意思決定者の抵抗は、大胆な政策イノベーションを促進しようとするアクターにとって大きな障壁となる。それを危惧する政策起業家は、意思決定者の懸念を軽減するために行動を起こすことがある。よく使われる戦略は、他者の協力を得ながら実証実験を行い、それが実現可能であることを証明する手法だ。

この数十年、アメリカにおける州や国の公共施設の規制緩和を促進しようとする政策起業家は、法改正の前に監督官庁の規制を緩める実証実験を行ってきた（Derthick & Quirk 1985 : Teske 2004）。そのような事前の行動は、その変革によって生じる可能性のある悪影響を主張するグループの反対の声を抑え込む。同様の理由で、健康保険の適用範囲を広げる際（Oliver & Paul-Shaheen 1997）、教育バウチャーの増額を検討する際（Mintrom & Vergari 2009 : Moe 1995）、そして、幼児教育プログラムへの支援を拡大する際（Knott & McCarthy 2007）には、基金を設けてパイロット・プロジェクトが行われた。これらの事例はすべて、それらの政策の変更を実際にやってみることによって、プログラムの効果や実用性を見極める重要な情報提供となることを証明している。

政策起業家はアイディアが実現可能であることを実証する時、より良い社会の実現に真摯に向き合っている姿勢を社会に示す。これによって他者の信頼を獲得し、変革の機運を高めることができる（Kotter 1996：Quinn 2000）。さらにいえば、政策起業家は実証実験を行う時に、政治家が結果を知り得ない状況を作り出すこともできる（Mintrom 1997a）。そのような状況においては、政治家のリスク計算の対象は、行動した結果に伴うリスクから、行動しなかった結果に伴うリスクへと切り替わる。

7　変革プロセスのスケールアップ

幅広く政策イノベーションを促進しようとする場合には、その政策への支持を呼びかけるための活動（アドボカシー・エフォート）を拡大していかなくてはならない。そのためには、初めに一つの自治体で変革を成功させた後に、それをエビデンスとして示すことによって他の自治体の変革へと移行していく必要があるかもしれない。第1章2（1）で取り上げたケン・リビングストンの気候変動問題への働きかけの事例は、支持を呼びかける活動の拡大という観点でも非常に参考になる。リビングストンは、長年にわたり積み上げてきた世界の大都市のリーダーとのつながりを活用して大きな成功を収めている。世界中の都市のリーダーを集め、C40およびその他の同じ目的を持つ組織との連携を作り上げた彼の行動力は、変革プロセスのスケールアップという観点でも、極めて有効に機能したといえるだろう。

手法は異なるが、国連安保理決議1960およびPSVIへの支援の輪を広げることに成功したウイリアム・ヘイグも好例だろう。彼の緻密に考えられた行動はカスケード効果を生み、世界の至る所で連鎖的に同様の活動が起きている。また、ルワンダの女性の政治参加を促進したアロイシア・イニュンバの事例からもエビデンスを得ることができる。民族の大虐殺が起きたことにより、国民の大多数を女性が占めることになったが、だからといって女性が政治の世界でリーダーシップを取れるようになるわけもなく、ましてや国政の場においては女性が活躍する土壌は育っていなかった。それを一変させたのは、コミュニティレベルの活動を通じて政治に関心のある女性の橋渡し役になり、地方自治体、そして中央政界への女性進出を促したイニュンバの活動だった。リビングストンおよびヘイグと同様に、イニュンバの行動も緻密に計算されている。小規模な活動で基礎を作り、それがやがて大きな成果を生んでいる。

8　結　論

第1章では「なぜ政策起業家が重要なのか」という議論からスタートし、四人の政策起業家の実例を紹介した。そして、政策起業家に共通して見られる特性である「信念」「社会感受性」「信頼性」「社交性」「粘り強さ」について考察した。本章では、政策起業家が目指す政策イノベーションを達成するために活用する戦略や手法を検証してきた。これまでの数多くの研究から得られたエビデンスから、政策起業家には共通する七つの行動が見られることが報告されている。その七つとは、「戦略的思考」「問題のフレーミング」「チームビルディング」「ネットワークの活用と拡大」「アドボカシーグループとの協働」「実現可能性の明示」「変革プロセスのスケールアップ」である。これらの行動を知ることは、政策起業家がどのように政策イノベーションを実現していくのかを理解するための一助になる。他の条件を一定にした場合に、これらの七つの行動を取る政策起業家は、そうではない人よりも成功する可能性が高いと考えられる。どんなに社交的で熱意に溢れる政策起業家であっても、これらの行動が伴わなければ成功しないということを心に留めておかなければならない。

また同時に、これらの七つの行動が、政策起業家のすべての行動を表現しているわけではないということも忘れてはならない。実際のところ、彼らは極めて高いモチベーションを持ち、極めて高い創造力を持っていることから、政策起業家は常に自身の行動を刷新し続けており、政策イノベーションを実現するための新たなアプローチを模索し続けている。多くの場合にそれらの行動はチームで実行される。また、他者のモチベーションや戦略を評価して、自らの行動を修正することもある。

第1・2章で、政策起業家はどのような特性を持つ人物なのか、そしてどのような行動を取るのかを理解することができた。しかし、このアプローチには一つのリスクが潜んでいる。それは、政策起業家がどんな場所でも大胆な政策イノベーションを促進できる人物だと思い込んでしまうことだ。現実社会を見ると、環境によって政策起業家の姿は大きく異なる。そこで、第3章以降では、はそれらについて言及したい。第3章では、政策起業家の概念と政策決定プロセスの既存の概念との関係性について検証する。第4章では環境に着目し、政策決定に作用するその他の因子が、政策イノベーションを目指す政策起業家の活動の成否へとどのような影響を与えるのかを検証する。

第3章　政策決定プロセスにおける政策起業家

政策起業家は政策の変化を促進するために行動し、大胆な政策イノベーションを目指す。そのために政策起業家は、本質的に政治的思惑が複雑に交錯し、意見対立が起きやすい「政策決定プロセス」へと深く入り込んでいかなければならない。過去半世紀以上にわたり、政策決定に関する様々な理論についての研究が進められてきた。それらの中から本章では、「増分主義（Incrementalism）」「エリート理論（Elite Theory）」「制度主義（Institutionalism）」「多元的流路アプローチ（Multiple Streams Approach）」「断続均衡理論（Punctuated Equilibrium Theory）」「アドボカシー連携フレームワーク（Advocacy Coalition Framework）」という代表的な六つの理論について検証したい。

いずれの理論についてもその概要を説明した後に、理論と政策起業家の概念との間の親和性について考察している。本章の主眼は、「政策起業家が政策決定のプロセスにどのように組み込まれるのか」を解明することだ。それによって二つの側面で有用な洞察を得ることができる。一つは、研究者に「政策起業家が成功する確率が最も高まるのはどのような場合なのか、そして、どのような条件および行動が組み合わさった時に政策イノベーション実現の可能性が高まるのか」という疑問を解く鍵を提供できることだ（例えば、Anderson, DeLeo & Taylor〔2019〕；Bakir & Jarvis〔2017〕；Cairney & Jones〔2016〕；Dudley〔2013〕参照）。そしてもう一つは、政策の策定や助言、変革に貢献したいと考えている人々に対して、政策を実現しようとする特定の環境を正確に理解することが、高い影響力を持つ的確な戦略を考える上でどのように役立つのかを示せることだ。本章におけるこのような実践的な側面は、政策決定に影響力を持つための実用的なアドバイスを提供してくれる過去の研究を補強する（例えば、Kalil〔2017〕；Mintrom〔2003〕；Weible & Cairney〔2018〕参照）。

1　政策決定プロセスに関する理論と政策起業家

政策決定プロセスに関する理論は、過去の研究が提唱した概念を少なからず拝借しながら進展してきた。言い換えれば、過去の研究で確立した概念を尊重しながら、政策決定プロセスを理解するための新たな解釈を加えてきた。一つひとつの概念は異なるが、広く認知されたそれらの概念を一括りにして体系的に検証することによって、政策起業家が活動する政策決定の世界に対する理解を深めることができる。政策決定プロセスの理論構築に終わりはなく、新たな知見が次々と発表されている（Cairney 2013；Kirkpatrick & Stoutenborough 2018）。

したがって、本書がそれらすべての理論を包括しているわけではない。本章では、それぞれの政策決定プロセスの理論における主たる関心についての適切な解釈を提供し、それが政策起業家とどのように関わりを持つのかを検証することを目的とする。それは、成功する政策起業家もいれば、そうではない政策起業家もいるのはなぜなのかを理解する上で有用である。

2　増分主義（Incrementalism）

政策決定プロセスの理論の一つとして、増分主義はその後の研究に極めて大きな影響を与えた。この理論の提唱者であるリンブロム（Lindblom 1959：1979）がこの言葉を「何とか少しずつ前進する」と表現しているように、増分主義とは「政策決定プロセスに見られる変化のほとんどは、リスクを避けたい政治家による小さな一歩一歩の積み重ねである」という概念だ。この理論は、サイモン（Simon 1947）の「限定合理性」の概念、そして「意思決定者は、費用に対して理論上最大の恩恵となる変化を追求するよりも、むしろ明らかに手の届く範囲内で満足のいく、あるいは事足りる選択をする傾向にある」という考え方を大いに拝借している。

リンブロムは、政策決定者が、「問題を定義し、問題解決の選択肢を挙げ、それぞれの結果を予測し、それらの結果を評価し、選択を決定する」という「合理的選択」の概念に従うという考え方を否定している。たとえ特定の問題に対して政策を決定するアクターが一人だとしても、問題の複雑さが合理的選択を不可能にする。理性的な人々の意見は政策課題の多くの側面において対立すると考えられることから、政策決定における合理的選択の可能性はさらに低くなる。問題の複雑さと意見対立の両方が、大胆な政策が全会一致で決定される可能性を大きく下げることになる。したがって、増分主義はその結果といえる。

政策の変化が少しずつしか進まない姿を見るのは苛立たしく感じるかもしれないが、リンブロム（Lindblom 1968）はこれを、複雑な問題を取り扱う上では「慎重で賢明な方法」と結論づけている。また、政策決定プロセスにおいて、「実質的な政策決定者（proximate policymakers）」の行動に注視すべきだと主張している。それらの人々には、議員や大臣、官僚、党幹部など、ある程度の意思決定権を持つ人々が含まれる。実質的な政策決定者は、「政治制度の構造」や「ルール」によって決められた権限の範囲内で権力を行使する。それらのルールには、憲法の関連条項や州法、行政の裁定、大統領令、そして裁判所の判決などがある。政策の選択は、実質的な政策決定者らによる体系的な議論の産物の一つである。しかし、それに参加する個人の嗜好や行動と特定の政策選択との間には明確な関連がない。

民主的政府と分権制度が持つ性質が、政策を変更しようとする者たちを協力させる。リンブロムは、議会での意思決定のような公式の手順を「非公式の相互調整という広大な海に浮かぶ公的な手続きを持つ小さな島」と特徴づけた（Lindblom 1968：93）。政策決定に関わる人々は、説得する対象となる人々の視点から政策を考え、魅力的な提案となるよう調整を加える。相互調整は協力を得るための手段であり、政策決定者らは自らが推し進める政策が受け入れられる確率を高めるために、常に協力し合っている。相互調整とでも言うべきこのようなプロセスは、結果として誰一人の視点も反映していない新たな政策を形成する可能性もある。説得しても他者の意見を変えられない時には強制力が必要になることもあるが、そのためには一方が他方を従える力を持っている必要がある。すべての人が権力を味方に付けられるわけではないことから、政治家間で非公式に協力する機会を狙う方が一般的である。

この概念に基づいて考えるならば、政策起業家が入り込む余地は十分にある。政策起業家は、実質的な政策決定者の一人かもしれないし、あるいは政策決定コミュニティの外に置かれているかもしれない。リンブロムによれば、実質的な政策決定者を仲間に引き入れるためには、自身の主張を魅力的な形で提示しなければならない。同様に、実質的な政策決定者は、政策起業家が抱えるアドボカシーグループの規模や発言力の大きさなどに魅力を感じるかもしれない。政策決定コミュニティの外側から影響力を行使しようとする時、政策起業家は、意思決定の権限を持つ人物と密接な関係を構築する必要がある。それによって、自身の信頼性と熱意を伝えることができる。プロボスト（Provost 2003）は、州の司法長官が管轄区の政策決定に影響力を及ぼそうとする行動を体系的に検証している。ラベ（Rabe 2004）は、テクニカルな問題が政策課題となる時に、州の政策アナリストや官僚がどのようにそれらに影響を行使しようとするのかを報告している。

増分主義は、大胆な政策イノベーションの妨害をする厄介な存在だ。しかしながら、そのような環境においても明確なビジョンを持った粘り強いアクターは、目指すゴールに向かって前進していくことができる。カギを握るのは、時間がかかっても、それらの小さな変化の積み重なりが、大胆な政策イノベーションと同様の成果を作り出せるかを見極めることだ。政策起業家が増分主義の環境下においても周囲からの支持を維持していくためには、小さな勝利を重ね、それらの小さな一歩が目標に近づくための重要な前進であることを支持者に説明する必要がある。

3　エリート理論（Elite Theory）

政策決定に影響を与える因子は、政治学者の間で意見が分かれるが、意見が競合する領域もある。利益団体が政策決定に大きな影響力を持っているという指摘を、よく耳にする（Baumgartner & Leech 1998）。この視点に立って考えれば、（特に財力において）最も強い力を持った利益団体が、政治家の意思決定に対して最も大きな影響力を持っていることになる。しかし、政策に影響を及ぼすためには、単に強い力を持つだけでは不十分である。莫大な資源を有する利益団体は、彼らが実現しようとする政策のアイディアに対する市民からの支持を得るために、それら資源を投資しなければならない（Berry & Wilcox 2018）。政治学者間の共通認識の一つは、最も影響力のある利益団体は、市民に対してその政策について説得力のある議論を展開し、それと同時に選挙において、その政策に賛同する候補者に手厚い資金援助を行うというものである。

エリート理論は、利益団体が政策に影響を与える仕組みについての研究から派生した重要な概念の一つである。世論形成に大きな影響力を持つエリートの役割に逸早く注目したのは社会学者のミルズ（Mills 1956）だが、エリートがどのように自身の影響力を維持し、それを拡大していくのかなど、その後の数多くの研究者が議論する余地を残していた。政治学においてエリート理論の研究で最も有名なのは、ダイ（Dye 1976：2014）だ。

ダイは、（特にアメリカにおける）民主主義は、強い力を持ったエリートに長い間独占されてきたと主張した。その理論によれば、この世界は、強い力を持ったほんの一握りのエリートと、大多数の無力で無関心な人々とに分けられる。議員や有力政治家の多くは、社会において最も裕福なほんの一握りの富裕層の出身であるか、またはそれらのグループから強力な支援を受けている人々である。

エリート理論の概念には、エリートの家系出身ではない人々が成功し、影響力を持つ可能性も示唆されている。しかしながら、そのためにはエリートたちの価値観に対する強い支持を明確に表明しなければならない。エリート出身ではない人がエリートのグループに加わるのに必要なこの能力は、社会の安定のために、そして市民の暴動を避けるために不可欠と考えられている。

エリート理論は、政策決定プロセスを理解する上で、いくつかの重要な洞察を与えてくれる。第一に、エリート理論は、「公共政策の特定の領域は、特定のエリートによって独占され、彼らの関心が色濃く反映される」という概念を提示している。例えば農業政策は、大規模農業経営者や農業関連事業者の関心を大きく反映すると考えられる。同様に医療政策は、医師や医療機器メーカー、製薬会社などの意見に影響を受けるだろう。第二に、エリート理論は、「政策の変化のスピードは鈍い」という増分主義の概念と一致する。エリートは、彼ら自身のために機能するシステムを確立している。彼らが変化を支持するのは、彼らの権力や影響力が十分に及ぶシステムを維持できる場合だけだ。第三に、エリート理論は、「大多数の人々は政策にほとんど関心を持っておらず、したがって社会的影響力をほとんど持たない」ことを示唆している。そして最後に、エリート理論は、「支配階級であるエリート同士は、社会的および政治的な価値観を共有している」という仮説を提示している。この仮説も増分的な変化を肯定するものであり、エリートの関心と一致した場合にのみ変化が起きることを示唆している。

エリート理論は、現状維持の政治を説明する概念であるといえる。この観点で考えると、この理論に政策起業家の入り込む隙間はない。政策を決めるのがエリートなのだとしたら、政策の変更は彼らの関心の範囲内でしか協議されないだろうし、その変化を主導するのもエリートだ。このような条件下では、エリートグループの一員であることを示せれば、政策起業家は最も大きな力を発揮することができる。これが示唆するのは、主要なネットワークの正式なメンバーとして認識され、ネットワーク内の中心的人物と密接な関係を構築するのが重要であるということだ。

また、問題のフレーミングが極めて有効に作用する。特定の政策課題の視点を的確に構築、あるいは再構築することによって、政策起業家は政治的エリートのメンバーからの支援を受けることができるかもしれない。エリート理論のレンズを通して見ると変革を実現するための条件は極めて困難に思えるかもしれないが、忘れてはならないのは、エリートには重要な問題に対する考え方を変えてきた歴史があるということだ。これらについては、例えば、北アメリカにおける奴隷貿易の終焉についての研究（Broich 2017；Metaxas 2007）、福祉国家の発展に関する研究（Klein 2006）、進学率の改善を目的とした数多くの研究（Mettler 2007；Tyack 1974）を参照いただきたい。

4　制度主義（Institutionalism）

二〇世紀を通じて、歴史上の政治プロセスをその時々の「制度」によって説明しようとする研究が盛んに行われており、様々な政府機関やその活動を対象にした分析から、制度が人々の行動規範に与えた影響が明らかにされてきた。サイモン（Simon 1947）が指摘しているように、その結果として、それらの制度下での個人の行動にはあまり目が向けられていなかった。このため、政治学者が行動主義に傾倒するようになった。人々がどのように外的なインセンティブや制約に対応するのかに注目が集まるようになると、政策決定プロセスを解釈する上での制度主義の概念は時代遅れとなっていった（Easton 1969）。しかし、ノース（North 1981；1990）をはじめとする経済史学者や、シーダースコチポル（Theda Skocpol）および彼女の仲間の研究者（例えば、Evans, Rueschemeyer & Skocpol〔1985〕参照）をはじめとする社会学者、そしてマーチとオルセン（March & Olsen 1983；1989）などの政治学者が、個人と制度的構造との間の相互作用について探究しはじめると、再び制度主義に注目が集まるようになる。

その後、様々な制度主義的視点が出現した。いずれも広範な政治構造の中の個人やグループの働きかけに見られる「行為主体性（Agency）」を強調している（Hall & Taylor 1996）。これらの中からいくつかの重要な知見が生まれ、それらを総称して「新制度主義」と呼ぶこともある（March & Olsen 1983 : Powell & DiMaggio 1991）。新たに生まれたこれらの概念は細部では異なるが、いずれも制度設計および個人のインセンティブに着目しており、制度の設計が個人の選択や行動に影響を与えると主張している。例えば、この概念の先駆者的存在でもあるマッカビンズとシュワルツ（McCubbins & Schwartz 1984）は、アメリカの国会議員のどのような行動が官僚を監視する仕組みを作り上げたのかを説明する中で、監視を優先する政策の合理性や機会費用、利用可能なテクノロジー、そして人間の認知限界について論じている。

彼らに続き、新制度主義に関する数多くの研究が行われたが、それらの研究はいずれも、政治および社会における制度と、そこで活動する個人との間の相互作用に関心を寄せている。行為主体性の概念の出現によって、政策決定のプロセスにおける新たな政策を実現しようとする個人やグループの行動の幅はかなり広いと認識されるようになった（Mettler 1998 : Sheingate 2003 : Tyack & Cuban 1995）。

しかし、同時にこの理論は、そのような行動に対する制約についても説明している。例えばマーチとオルセン（March & Olsen 1989）は、「適切性の論理（the logic of appropriateness）」という用語を使い、「関連する手順について深い知識を有するアクターの存在」および「受け入れられる行動を定義するローカルな規範」の重要性について説明している。新制度主義の含意の一つは、成果を得るためには感受性が不可欠であり、それが大胆な政策イノベーションを達成するための道筋を教えてくれるということだ。政策決定プロセスおよび政策の変革に関する制度主義的研究は、政策起業家が活躍できる領域が十分に存在することを示唆している（Feldman & Khademian 2002；Majone 1996；March & Olsen 1989；Scharpf 1997）。

しかしながら、大胆な政策イノベーションを実現しようと模索する人々は、政治システムの複雑さを理解していなければならない。それを理解することによって、多くの「政治の部外者」が変化を成し遂げられない原因が見えてくる。第1章で説明した「社会感受性」の重要な役割を思い出してほしい。政策起業家は、自分が置かれた環境において何が受け入れられるのかを理解していなければならないが、かといって、政策イノベーションを促進するための重要な視点やモチベーションを失ってしまうほど「なれ合い」になってはならない。この観点でエビデンスが示唆しているのは、ネットワークをうまく活用した政策起業家は、政策イノベーションを達成できるということであり（Mintrom & Vergari 1998）、政府内および政府外の両方の人々によるチームビルディングによって成功の光が見えてくるということだ（Kalil 2017；Mintrom, Salisbury & Luetjens 2014；Roberts & King 1996）。近年の研究では、異なるグループ間の「架け橋」となる政策起業家の役割が注目されている（Faling et al. 2018）。政策イノベーションのイニシアチブへの支持を広げるために、異なる制度やその制度におけるプロセスに関する知識を入手したい時に、架け橋となる政策起業家の役割が最も大きな効果を発揮する。

5　多元的流路アプローチ（Multiple Streams Approach）

政策決定プロセスの解釈における多元的流路アプローチは、キングダン（Kingdon 1984［2011］）が提唱した概念である。キングダンは、コーエン（Cohen et al. 1972）が考案した有名な意思決定モデルである「ゴミ箱モデル（garbage can model）」の概念からヒントを得て、このアプローチを提示した。その前に、さらにさかのぼって、これらの概念の基礎となっている研究を知っておく必要があるだろう。なぜならキングダンのアプローチは、サイモン

(Simon 1947) の「人間の限定合理性と組織行動」の研究を源流とする意思決定過程の分析モデルを基礎にしているからだ。増分主義と新制度主義、そして多元的流路アプローチの概念には関連性がある。多元的流路アプローチは、政策決定の各プロセスにおいて、特定の政策課題およびその解決策がどのように多くの関心を集めるのかに着目した概念であり、この観点においては、リンブロムの「増分主義」および「実質的な政策決定者の行動」の概念と多くの共通点を持つ。

キングダンは、取り上げる政策課題の決定とそれによる政策の変更は、政策決定者の行動と公式および非公式の社会的プロセスの組み合わせによって具現化すると主張している。この手法を応用すれば、国民一人ひとりも、様々な行動を通じて特定の政策課題に対する世論の関心を高めることができる。しかし、ほとんどの場合、どの政策課題を取り上げるかを決定するのは政治家であり、政策の変更の協議に参加するのも政策決定プロセスに携わるごく一部の人々だけである。キングダンは、特定の政策課題に関心が集まる作用において、非公式のコミュニケーション経路が重要な役割を果たすと強調している。政治家や官僚、利益団体のリーダー、研究者、そして市民などの様々な立場にいる個人の働きかけが作用する「政策ネットワーク」を形成するのだ。

キングダンは、「問題の流れ」「政策の流れ」「政治の流れ」という三つの異なる流れが合流することによって、その政策課題が政府の議題に上ると主張している。特定の問題に対する関心を高めたり、政策イノベーションを促進しようとする働きかけを通じて、政策起業家はそれら三つの流路を合流させることができるというのが彼の主張だ。キングダンの政策決定モデルは、本書の議論の核となる。なぜなら、彼のアプローチによって政策起業家の概念を明確にすることができたからだ。彼の研究が発表される以前は、政策決定プロセスにおける政策起業家の行動に対する関心は極めて限定的だった。

多元的流路アプローチにおける「問題の流れ」においては、特定の問題への関心を集めるために、またその問題に対処する公共政策を促進するために、様々な働きかけが可能である。問題の定義においては、多くのハードルが待ち受けている。例えば、現状の政策を維持することによって恩恵を受ける人々は、政府が議論するほどの問題ではないと人々を説得することにインセンティブが働く。特定の問題に対する世間および政策決定者の関心を高めたい人々がそれらのハードルを越えるためには、その問題の重要性を伝えるのはもちろんのこと、実現可能な解決策を示さなければならない。したがって、政策決定者は多くの場合、具体的な解決策を頭に浮かべた上で、問題のフレーミングを行う。さらにいえば、時に解決策が問題よりも先行することもある。優れた政策を思いついた人々は、「その政策を実行することによって解決できる問題」を探そうとする。

キングダンが強調した二つ目の流路が、「政策の流れ」である。この流路においては、政策決定プロセスに参加する専門家コミュニティが解決策や代替策の膨大なアイディアを考案し、それらについて議論する。ときに斬新なアイディアが生まれるケースもあるが、多くの場合、現行の政策を多少修正するか、複数の既存のアイディアを組み合わせるだけに終始する。画期的なアイディアがとても注目されることもあるが、そのような場合でも政府の反応は極めて鈍い。アイディアが政府に採用されるためには、その有効性と実現可能性を示さなければならず、また政策決定コミュニティの多様な専門家の大多数の価値観に合致していなければならない。

彼の政策決定モデルにおける三つ目の流路は、「政治の流れ」である。この流路は、選挙結果や政府の体制の変更、議会における政党や会派の勢力図の変化、利益団体による陳情や圧力、世論や国内情勢の変化などの影響を受ける。「政治の流れ」に変化が起こった時や、大きな出来事の発生によって「問題の流れ」が一時的に変化した時は、政策議題を変える大きなチャンスとなる。議題の変更はすばやく実現することもあるが、組織的かつ政治的な力がブレーキとして働くこともある。そして、政策議題が変わったからといって、実際の政策がすぐに変わるとは限らない。政策を大きく変えられる可能性があったとしても、反対勢力の意見によって大幅にトーンダウンさせられることもあれば、支持固めに時間を要して実現が遅らされるケースもある。

キングダンの政策決定モデルが示唆しているのは、政策課題の変化はこれら三つの流れが合流した時に実現するということだ。三つの流れが合流した時、特定の問題およびその解決策に対する関心が共有され、「政策の窓」が開かれる。三つの流れを合流させるために、政策起業家は適切なタイミングを判断しなければならない。すなわち彼らは、「解決策を保持したまま政府の内外で息をひそめて待機し、その解決策を適用できる問題が浮上するタイミングを、あるいは政治の流れが進展して自分に有利に働くタイミングを待っている」(Kingdon 1984 [2011]：165)。キングダンの多元的流路アプローチは、多くの研究者に影響を与えた。また、「異なるグループの人々とのつながりを持ち、実質的な政策決定者と密接な関係を構築する」というキングダンが描いた「変革者としての政策起業家の人物像」も、その後の研究に大きな影響を与えた。キングダンの研究を基礎にして、政策変更の「時機」についての研究（Baumgartner & Jones 1993：Geva-May 2004：Herweg, Zahariadis &

Zohlnhöfer 2018）や、政策起業家を特定し、それらの人々の行動を分析しようとする研究（Mintrom 2000；Narbutaite Aflaki, Miles & Petridou 2015）が数多く行われている。

6　断続均衡理論（Punctuated Equilibrium Theory）

「政策の変化は少しずつしか進まない」という増分主義と「大胆な政策イノベーションを成し遂げる時機」について説明した多元的流路アプローチの概念との間には乖離がある。これら二つの理論の間の隙間を埋めるために、バウムガルトナーとジョーンズは、「断続均衡理論」を提唱した。この理論によれば、医療や環境保護などの分野の政策に見られる特徴は、「長い静止期間と突発的な変化」であると言える（Baumgartner & Jones 1993）。リンブロムの概念と同様に、変化が起きないのは少数の課題しか同時に扱うことができない政治家の能力の限界に起因するとバウムガルトナーとジョーンズ（Baumgartner & Jones 1993）も示唆している。

また、長期にわたり政権を握る政府が、現行の政策の良い面ばかりを強調し、変化を求める声を逸らしていることもそれに拍車をかける。そのような状況において政策起業家に求められるのは、政策課題を世論にアピールし、変革への関心のうねりを引き起こすことだ。安定的なシステムにおいても変化が起こる可能性はある。そのような変化を起こそうとする時に必要とされる挑戦は、現行の政策の問題点を指摘し、より大きな問題を提起して新たな政策の必要性を訴えかけることだ。

変化のない安定的な政策が行われている環境においては、政策決定に関わる人々および市民は特定の政策分野の「専門知識」を持った専門家の判断に従おうとする。例えば、関連法の適用範囲や適用条件を熟知する法律の専門家や、政府の特定組織の機能やその権限を完全に理解している官僚などの専門家に対して、専門外の人々が反論するのは容易なことではない。したがって、現行の政策が長期にわたり維持されることになる。しかし、特定の政策分野の活動に対する世間の人々の肯定的なイメージが失われた場合には、その限りではない。世論に広まった否定的なイメージは、政策イノベーションの必要性を政治家に知らせる合図となる。それらは、急進的な政策の変化となって表れ、それまでの増分的な政策決定の風習は終わりを告げる。

バウムガルトナーとジョーンズ（Baumgartner & Jones 1993）は、様々な異なる環境において政策イノベーションを起こすことが可能だと指摘している。政策イノベーションが特定のレベル（例えば、国の政府）で阻止されようとしているときには、別のどこか（州や自治体、など）でそれを効果的に実行できているかもしれない。これが示唆するのは、新たな方法を確立しようとする試みは、社会のシステム全体に変革への機運を作り出す可能性を持っているということだ。例えば、アメリカの州の多くのリーダーがこれまでに大きな変革を作り出し、それを他の州が取り入れている。さらには、それら州レベルで政策イノベーションが国家レベルのダイナミックチェンジへと発展するケースもある。

　政策決定プロセスおよび政策イノベーションをこのように解釈した場合、政策起業家に求められる行動は、新たな政策課題を世の中の人々に知らせ、大きな変革への世論の関心を高めることである。変化の少ない安定したシステムにおいても、変化が起きる可能性はある。政策起業家にとっての挑戦は、現行の政策の欠点を明確に示し、より大きな問題を提起して政策イノベーションの必要性を訴えかけることだ。バウムガルトナーとジョーンズ（Baumgartner & Jones 1993）に続き、ジョン（John 1999：2003）やピーターズ（Peters 1994）、そしてトゥルー（True 2000）らが、政策起業家の行動と政策の変化との間の関係性について研究を行っている。

7　アドボカシー連携フレームワーク（Advocacy Coalition Framework）

「アドボカシー連携フレームワーク（Advocacy Coalition Framework）」は、政策の変化を理論化したサバティア（Sabatier 1988）の研究を起源とし、その後の幅広い研究へとつながった（例えば、Sabatier & Jenkins-Smith 1993：Weible & Sabatier 2009）。サバティアによれば、アドボカシー連携（advocacy coalitions）とは、「基本的な価値観、因果関係に対する認識、そして問題意識などについて特定の信念を共有しており、長期にわたり協働して熱心に活動を行う（政治家や政府職員、利益団体のリーダー、研究者などの）様々な立場の人々からなる集合体」である（Sabatier 1988：139）。参加者は、公立学校や医療、環境保全などの関心のある分野の政策を、維持あるいは改革するために活動する。

「アドボカシー連携フレームワーク（Advocacy Coalition Framework）」は、特定の問題に関心を抱く人々のグループから新たな変革のアイディアがどのように生まれるのかを説明してくれる。このフレームワークによれば、変革は政府内外の両方から生じる。しかし、変革を促進する人々のアイディアが政治に影響を与えるためには、政治家がそれらのアイディアを正しく解釈できるよう伝えられなければならない。そのためには、例えば、社会的、経済的、環境的な現状を客観的に分析し、意思決定者の関心を引き付ける可能性を高めるようデザインされていなければならない。

このフレームワークの価値は、多数のアクターおよびグループが政策決定のプロセスに関わることの重要性を示したことにある。政策の変化は、そのようなグループの人々の話し合いの場で生まれる。共有された意義や新しい解釈は、自然環境や技術革新、あるいは政界再編における変化から生じる特定の新たな政策課題を正当化するためのメカニズムとして働く。アドボカシー連携のメンバー間、あるいは複数のアドボカシー連携間の集団相互作用の力や、政策の変化の促進に向けて協働する能力は、政策イノベーションの成否を決定する重要な要素である。

このフレームワークは、特定の問題を解決しようとする人々の間に、変革のアイディアがどのように生じるのかを教えてくれる。このフレームワークでは政策起業家の存在は明確に定義されていないが、政策イノベーションの定義と、政策起業の概念に埋め込まれたそれとの間には、かなり多くの共通点がある。例えば、このフレームワークにおいては、政府内外のどちらから生じたアイディアからも変革が生まれることを想定している。しかし、政策に変化をもたらすためには、それらのアイディアを政治家が正しく解釈できるように変換しなければならない。政策の意思決定者の関心を惹きつける可能性を高めるために行うこの変換のプロセスは、政策起業家が行う問題のフレーミングのプロセスと同一である。

政策起業家は、このような変換や視点構築を行うために必要な高いスキルを持っている。ミントロムとベルガリ（Mintrom & Vergari 1996）は、アドボカシー連携の形成およびその活動の維持と政策起業家の行動との間の関係を検証している。彼らが強調しているのは、政策起業家がアドボカシー連携の協力を得る機会を最大化するために問題の視点を定義するということだ。複数のグループからの支持を得る能力の重要性についても実証している。さらに、その後の研究によって、様々な分野における政策決定プロセスにおけるエビデンスが得られている。ゴールドフィンチとハート（Goldfinch & Hart 2003）、ハジメ（Hajime 1999）、リトフィン（Litfin 2000）とメイエリンク（Meijerink 2005）らは、アドボカシー連携の作用についての議論に、政策起業家の役割についての議論を組み込むことの有用性を示唆している。

8　政策決定プロセスに政策起業家が入り込む機会

政策決定の理論に共通して見られる概念は、「政策の変化はゆっくりとしたペースで起きる」ということだ。様々な因子が現状維持に作用する。それらの因子には、現行制度や既得権、そして政策決定者側の情報不足による誤解やリスク回避行動などがある。問題の重要性および緊急性を理解したとしても、すぐに新たな政策が実行されるわけではない。政策起業の概念は、そのような政策決定プロセスにおいて政府内あるいは外部で何が起きているのかを理解するのに役立つ。

しかし、政策起業の概念の価値は、既存政策の維持あるいは政策イノベーションが起きる仕組みを説明する様々な理論に、それがどのように関わるのかを理解することによって、さらに高めることができる。本章の目的は、政策起業家が、どのように政策決定プロセスに組み込まれるのかを理解することだった。そのために、政策決定プロセスに関する主要な理論を概観し、併せてそこに政策起業家が入り込むスペースに関する実証研究を紹介してきた。

ここからは、政策イノベーションおよびそれを促進する政策起業家の役割を理解するための重要な洞察を提供したい。想像してみてほしい。例えば、ある自治体の議会が事業ゴミ問題に対処するために新たな政策を採用し、それによって以前は埋め立て地に運ばれていた事業ゴミを大幅に減らすことへのインセンティブが企業に生まれたとする。このような変化が実現するまでの政策決定プロセスを調べる時、どこから調べるべきだろうか。そして、そのプロセスにおいて政策起業家がどんな役割を果たしたのかを、どのようにして特定できるだろうか。

本章で検証した政策決定プロセスに関する理論を顧みることによって、調査の対象とすべきプロセスが浮かび上がる。第一に、変革が起こる前にその政策分野にはびこっていた現状維持の慣習について調べる必要があるだろう。それによって、どのようにして、その自治体が環境問題や持続可能な開発目標（SDGs）にアプローチしていくことになったのかが見えてくるかもしれない。これを調べる過程において、既存の政策を維持するモチベーションとして作用していた法律や制度などの因子を特定することが極めて重要である。事業ゴミの処分方法には、どのようなルールが定められていたのだろうか。事業ゴミの処分を規制する監督官庁はどこだろうか。このような調査を進めていくと、様々な利害関係者の存在に気づかされる。利益団体およびエリートの影響力に関する理論は、プロセスの中に存在する主要なアクターや利害関係者間の力関係を特定して、マッピングする方法を導き出してくれるだろう。これは、過去の法律や制度がそれらの当事者の関心や判断の形成に、どのような作用を持っていたのかを理解する上で有用と考える。さらに、これらを検証することによって、どのような経緯で事業ゴミ問題が重要な政策課題となったのかについての理解を深めることができる。

ここで、増分主義から得られた洞察が役に立つかもしれない。環境保全や持続可能な開発に関する自治体のこれまでの法律や制度の変遷を、的確に捉えられるからだ。このような作業によって、それまでの変革の取り組みにおける推進者および抵抗勢力だった主要なアクターを特定できるかもしれない。このような作業を通じて、アドボカシー連携や政治力学の存在についての洞察を得ることができる。そして最も重要なのは、このような作業を通じて、政策起業家としての役割を果たした特定の個人やチームがどのような特性を持っていて、どのような戦略を用いたのかについて、詳細な情報を提供してくれる人々を発見できることだ。

さらに付け加えるならば、インタビューやアンケート調査によって、政策起業の動きが政策イノベーションにどのくらい寄与したのかを体系的に検証することができるだろう。しかしながら、このアプローチはその特定の環境における政策起業家の働きを捉えているに過ぎないことを忘れてはならない。すなわち、企業の事業ゴミの量を大幅に削減するためのインセンティブとなった新たな政策の実現を促進した政策起業家を特定しようとする時にも、過去の経緯による影響、法律や制度による影響、そして利害関係者から受ける影響が、存在する複雑な環境下で政策起業家が活動していることを十分に理解しておく必要がある。

9　結　論

本書の主張は、政策起業家とは、大胆な政策イノベーションを実現する政策イノベーションを促進するために、政府内外の人々と協働しながら活動する強い意志を持ったアクターだということだ。本章では、政策決定プロセスに関する主要な既存の理論について検証してきた。それらの中には、政策起業家の役割を明確に認識している理論もあったが、そうではない理論もあった。そうだとしても、これらすべての理論は、政策イノベーションを促進しようとするアクターが置かれている複雑な状況を理解する一助となる。現状維持への圧力は強力であり、それは多くの意味で十分に理解できる。保守的な政治を肯定する意味合いではない。効力を持つ予測可能な「ゲームのルール」が存在することによって、個人および社会が大きな恩恵を得られることを理解しているという意味合いだ。

また同時に、変化の力は常に私たちの周りに存在することを認識しなければならない。あらゆる意思決定の主体に課せられているのは、それらの力を認識し、政策の変化が必要なタイミングを察知し、その期待にタイムリーに応えることだ。効果的なシステムには、現状維持と変革の両方の結果について常に議論し合う意思を持った賢明な人々の存在が不可欠である。政策起業家は、政策イノベーションを牽引《けん》していくという意志を持って政策決定のプロセスに大きく貢献する。

本章では、政策決定のプロセスにおいて、政策起業家が入り込む余地について検証してきた。その結果、頻繁に様々な強い抵抗に遭うことがあるものの、政策起業家が変革を促進するために介入することができる領域は十分に存在することが明らかになった。第4章では引き続き、政策起業家とそれを取り巻く環境についての議論を展開したい。環境がどのように政策起業家の選択に影響を与えるのか、そして政策起業家の行動への影響をどのように評価するのかについて、より体系的に検討したい。

第4章　政策起業家が出現する環境要因と影響の評価

政策起業家について語る時、その人物像や行動ばかりに注目し、それら活動の背景となる環境についての考察が疎かになりがちである。政策起業家が入り込んでいかなくてはならない政策決定プロセスの環境については、前章である程度理解することができた。本章では、さらにその理解を進めるために、政策起業に関するいくつかの主要な研究を参照しながら議論していきたい。

政治学者が初めて政策起業家について取り上げた頃は、その実態は不明確であった。彼らがいつ、どのように現れ、何のために特定の行動を取るのかは謎だった。そのような状況に業を煮やしたシュナイダーとテスケは多数の事例を検証し、それらの事例に関わった人々について徹底的に調査・分析を行った。彼らは、研究対象を「英雄的な人物」から、「政治および政策の変化の促進に一役買っている幅広い立場の人々」に広げることによって、それまでの政策起業家の概念を大きく転換した（Schneider & Teske 1992 : 737）。彼らの緻密な研究は、その後の政策起業家に関する研究が発展していくための土壌を作ったといえるだろう。その後の研究によって、政策起業家の人物像や行動が徐々に明らかになり、政策起業家がどのようにしてダイナミックチェンジ（イノベーションの拡散）を促進していくのかについて多くの知見が得られた。

本章では、次の四つのテーマの議論を進めていく。一つ目は、シュナイダーとテスケ（Schneider & Teske 1992）の研究を検証し、ある環境では政策起業家が活発に活動するのに対して、別の環境ではそうならないのは、どのような因子の影響なのかを理解したい。二つ目は、政策起業家の活動および政策イノベーションに対する彼らの影響力について深く探究したミントロム（Mintrom 1997b）の研究を検証する。三つ目に、政策起業家が使用する特定の戦略や手法の有効性について検討したいくつかの研究を検証する。そして最後に、個々の政策起業家の行動とダイナミックチェンジの出現との間の関係性について議論する。ある自治体が採用した政策イノベーションが高く評価され、他の自治体にすばやく波及するような、変化のプロセスにおいてよく見られる「勢い」を、どのように説明できるだろうか。この数十年間、数多くの研究者がこの問いに真正面から取り組んできた。それらの研究によって、ダイナミックチェンジのメカニズムやその発生プロセスについての理解が進んできた。

1　政策起業家の出現に関する研究

政策起業家を体系的に理解するにあたりシュナイダーとテスケ（Schneider & Teske 1992）は、特定の自治体において政策起業家となり得る人々が行動を開始する機会となっているのは、どのような条件なのかを検討することからスタートした。また、それらの自治体の組織環境のどのような特性が、政策起業家の活動を阻んでいるのかを検討した。このアプローチにおいて、シュナイダーとテスケは、政治における重要課題である「集合行為の問題」の解決に対する個人の動機を特定しようとした。緻密に設計した理論を実証的に検証したいと考えた彼らは、アメリカ国内の郊外のコミュニティに焦点を当てることにした。対象となるコミュニティは数多く存在した。そこでシュナイダーとテスケは、国内の最も大きな一〇〇都市の郊外にある二五〇〇人以上のすべてのコミュニティをサンプルとして採用することにした。その結果、五五の都市にある一四〇〇の郊外のコミュニティが研究の対象となった。そのうち九六三のコミュニティの自治体職員から、「政策起業家の存在の有無」および「その活動内容」についての調査票に回答を得た。この回答から得られたデータを国勢調査データと統合することで、調査対象のコミュニティの様々な特性を把握することができた。

調査対象の九六三のコミュニティのうち二五七のコミュニティは、「政策起業家が存在する」と回答していた。すなわち、二七％のコミュニティで政策起業家の活動が見られることになる。シュナイダーとテスケは政策起業家の行動に強い関心を抱いていたが、手始めに政策起業家の存在の有無およびその差を説明する因子について分析することにした。

シュナイダーとテスケ（Schneider & Teske 1992）は、政策起業家が出現する可能性に影響を与えるいくつかの特定の条件を発見した。自治体の「収入」「支出」「人口統計学的な特性」などの関連のありそうな変数を一定に調整した上で、「持ち家比率」「人口増加率」「民族の多様性」「固定資産税の額」といった因子の数値が相対的に高い自治体ほど、政策起業家が存在している可能性が高いことが示唆された。それに加えて、自己裁量で割り当てられる予算を多く持つ自治体には、政策起業家が存在している割合が高かった。シュナイダーとテスケは、これらの分析結果が「政策起業家はインセンティブに反応する」という仮説を裏づけるデータであるとした。政策決定プロセスに市民が参加する機会を増やすための予算が振り分けられている自治体では、政策起業家が現れる確率が高まる。

またシュナイダーとテスケは、起業家的活動を行うアクターは「集合行為の問題」に注意を払う必要があると述べている。その理由として、公共財の物的な状態を改善し続けることに強い関心を持つ市民が多数を占めるコミュニティでは、あるいは政策議論が旺盛な活力のあるコミュニティにおいては、そのような問題が顕著に現れると主張している。「高い税率」や「高い人口増加率」、そして「高い民族多様性」といった特性を持つ自治体は、市民の政治参加意欲が高く、集合行為の問題が発生しやすい。これに続く研究では、地域開発の推進および反対の活動に政策起業家がどのように関わっているのか、そして政策に高い関心を持つ企業や個人が政策イノベーションの促進にどのように関わっているのかを検証している（Schneider & Teske, with Mintrom, 1995）。

シュナイダーとテスケのアプローチを基礎に、政策起業家に対する研究アプローチはさらに発展してきている（例えば、Brouwer〔2015〕；Mack, Green & Vedlitz〔2008〕参照）。中でも特にカラファティスとレモス（Kalafatis & Lemos 2017）は、そのアプローチを採用して、気候変動を抑制するための政策実現を模索する政策起業家の出現について検証している。彼女らは、アメリカの五大湖周辺に位置する三七一の中規模の町を研究対象として、それら自治体に調査票への回答を求めた。カラファティスとレモスは、政策起業家の存在の有無だけでなく、その行動を詳細に調べるために、シュナイダーとテスケの検証手法を派生させて追跡調査を実施することにした。この調査デザインによって、一つの自治体に存在している目的の異なる活動を行う複数の政策起業家を特定することが可能になり、経済発展を目指す政策起業家や持続可能な開発を促進しようとする政策起業家、あるいは気候変動を防ぐための政策を促進しようとする政策起業家を時系列で捉えることに成功している。

また、カラファティスとレモスは、気候変動を抑えるための政策を促進しようとする政策起業家は、政府機能の分権が進んだ町に多く見られることを発見した。それらは比較的小さな町であり、周辺も同様に小さな町である。そして、それらの町の議員の多くは政党に属さない無所属議員である。さらに、気候変動を抑えるための政策を促進する政策起業家は、環境保全を促進する活動を支持する政策起業家が存在する町に現れる可能性が高いと彼らは主張している。

カラファティスとレモスの研究デザインは、分権が進んでいることが政策イノベーションの波及を促進する理由の検証を可能にした。分権が進んだ政治システムを持っているほど、成功した政策起業が多くの人々に認識され、模倣される。この過程では、それらの地域で最初に気候変動対策に立ち上がった政策起業家は「意識的に、あるいは無意識のうちに、地域（近隣の自治体）の政策に大きな変革を起こすことができる」と彼らは主張している（Kalafatis & Lemos 2017 : 1796）。すなわち、政策起業家の出現を促進する因子に注目することは、ダイナミックチェンジに対する彼らの影響力を説明する上でも有用であることが、カラファティスとレモスの研究で示唆されている。これについては、本章の後半でもう一度取り上げる。

2　政策起業家の影響力の検証

自治体において政策起業家を体系的に特定する研究プロジェクトを始めたシュナイダーとテスケ（Schneider & Teske）の前までは、政策起業家に関する研究はすべて事例研究の形式で行われていた。それらの研究には大きな価値があり、政策起業家についての理解を深める上で極めて有用である。しかしその反面、政策起業家の事例研究は、政策の成否を分けた要因を説明する背景因子に対する重要な視点が抜け落ちるリスクをはらんでいる。シュナイダーとテスケの研究に触発されたミントロム（Mintrom 1997b）は、アメリカ国内の州レベルで活動する政策起業家をターゲットに研究を始めた。ミントロムは、政策起業家の行動およびそれらの行動が政策の変化に与えた影響について体系的に検証するとともに、政策の変化に影響を与えたと考えられるその他の因子についても幅広く調べた。ここでは、その後の研究に極めて大きな影響を与えた彼の研究のデザインおよび知見について検証したい。

ミントロムは、一九八〇年代から一九九〇年代初頭にアメリカの各州で行われていた「子供を通わせる公立学校の選択肢を広げるための活動」に焦点を当てた。この活動は、「住所地によって入学する学校を決定する仕組み」を見直すことを目的に行われていた。学校選択の自由度を拡大しようとする動きは一九九〇年代に最も活発化し、各州でチャーター・スクール法が制定された。今日ではチャーター・スクールは広く認知され、アメリカ国内に数多く存在する。チャーター・スクールは公立学校であり、私立学校のように高額な授業料を請求されることもない。チャーター・スクールの登場によって学校選択の幅は広がったといえる。ミントロムは、政策起業家とは「特定することが可能な政治的アクターであり、その存在と行動によって目指す政策の議題化および議会承認の可能性を大きく高める作用を持つ人物である」という仮説を立てた。この仮説を検証するために彼は、政策起業家の行動について調べた。

ミントロムもシュナイダーとテスケ（Schneider & Teske 1992）と同様に、政策起業家を特定するために、そして学校選択の幅を広げることを目的とした活動について調べるために、調査票を使用している。すべての州に送られたこの調査票には、「州の教育長が指名した高い専門知識と決定権を持つ者が回答すること」という要件が付けられていた。この調査票のコピーは、州知事の教育政策顧問や各州の教職員組合の代表者にも送られた。また、州の学校の財政状況に詳しい専門家や教育改革に関心を持つシンクタンクのメンバー、そして教育改革を目的に草の根的な活動を行う市民団体「教育の自由のための市民（Citizens for Educational Freedom）」にも送られている。その結果、各州から少なくとも二通の回答を得て、二六の州において政策起業家の特徴と一致する個人の存在が報告された。政策起業家として特定された人物が本当に政策起業家であることを確かめるために、様々な方法で追跡調査が行われた。政策起業家と特定された人物に直接会って話を聞く試みも行われている。

公立学校の選択肢を広げる政策に対する議会の政策議論および議会承認がされる確率を推定する統計モデルとして、ミントロムは「学校システムに関連する特性」「州政府に関連する主要な特性」「州間のイノベーションの波及」を説明変数として使用した（Mintrom

1997b)。政策議論の実現を目的変数としたモデルでは、州議会選挙が行われる年および教職員組合の反対が強い場合には、公立学校の選択肢を広げる政策議論は起こりにくいという結果が得られた。また、近隣の州で学校選択に関する政策議論が行われていた場合には、その州でも同様の政策議論が行われる可能性が高まる。議会承認を目的変数としたモデルでは、大学進学適正試験（SAT）の平均点が下がった時に、学校の選択肢を広げる政策が議会に承認される可能性が高まることがわかった。また、教職員組合の反対が強い場合には議会承認の可能性が低下する。

ミントロムは、これらの統計モデルに二つの説明変数を追加して検証している。一つは、公立学校の選択肢を広げるための活動を行う「政策起業家の存在の有無」であり、もう一つは、問題のフレーミングやリーダーシップ、ネットワークの活用などのいくつかの活動に関する「政策起業家の能力」である。その結果、いずれのモデルでも、政策起業家が存在することによって政策の変更が議論され、議会承認される可能性が高まることが示唆された。さらには、予想されていた通り、政策起業家の能力が大いに関係することも判明した。問題のフレーミングやリーダーシップ、ネットワークの活用といった能力に長けている政策起業家がいる場合には、学校の選択肢を広げる政策を議会に諮り、法案の議会通過を達成する可能性が大幅に高いことがわかった。

アメリカの州レベルの政策起業家を対象としたこの研究は、革新的な政策のアイディアが議題に上り、法改正を勝ち取る上で、政策起業家が重要な役割を果たしていることを体系的に証明する明確なエビデンスを提供してくれた。もちろん、政策決定プロセスに関わる他のアクターと同様に政策起業家にも、「選挙が行われる年」や「利益団体の反対」などの制約が課されることは言うまでもない。しかし、そのような制約があるとしても、政策起業家は政策実現のチャンスを広げるために、ネットワークを広げたり、議論を活性化したりするなどの様々な働きかけができる。

これらの知見は、政策起業家が政策決定に大きな影響を与えられることを体系的に証明したエビデンスといえる。しかし、実際に、そのような影響力を及ぼすために政策起業家がどのような行動を取るのかという疑問が湧いてくる。この研究の数年後にミントロムは、ネットワークの構築、アドボカシーグループとの協働、実証実験プロジェクトなどの政策起業家がとる行動について調べている。ミントロムは、この研究で使用した検証方法やそれによって得られた知見をすべて公開している（Mintrom 2000）。政策の変化を促進する政策起業家の影響力については、他にも数多くの研究が行われている（例えば、Drummond

〔2010〕；Feiock & Bae〔2011〕；Huitema, Lebel & Meijerink〔2011〕参照)。それに加えて近年では、政策への支持を拡大するために政策起業家が用いる戦略について、数多くの研究者が検証を行っている。また、それらの研究では様々な研究デザインが採用されている。それらの研究の中からいくつかピックアップして検証したい。

3　戦略の有効性の検証

目指す政策への支持を得るために、政策起業家は様々な戦略を使用することが知られている。第2章では、政策起業家が使用する戦略や手法として、「戦略的思考」「問題のフレーミング」「チームビルディング」「ネットワークの活用と拡大」「アドボカシーグループとの協働」「実現可能性の明示」「変革プロセスのスケールアップ」の七つを紹介した。ここでは、問題のフレーミング、ネットワークの活用と拡大、そして実現可能性の明示の三つを取り上げ、置かれた環境において政策起業家がどのようにそれら戦略を使用しているのか、そして研究者はそれらの活動の有効性をどのように評価しているのかを検証する。これから紹介する近年の研究は、政策起業家の特性や彼らが用いる戦略、それらの戦略が使われている環境、そしてそれら行動の影響力を検証するために使用できる多様な研究手法を提供してくれる。それらには、地理情報の分析やネットワーク分析、歴史的制度主義分析が含まれる。

(1) 問題のフレーミング――問題に対する視点の構築

政策起業家は、置かれている状況を注意深く分析し、その状況に対する新たな「視点」を提供することによって、目指す政策の実現に向けて前進していくことができる。「問題のフレーミング」と呼ばれるこの戦略は、政治的働きかけの基本である。新たなエビデンスを集め、斬新な政策議論を作り出す行動がそれに含まれる。それらの行動は、現在の政治体制を変化させる、すなわち現状を打破することを意図している(例えば、Dewulf & Bouwen〔2012〕; Mintrom & Luetjens〔2017〕参照)。

ここでは、民族間の衝突の絶えないエルサレムの聖地において、一九八一年から二〇一三年にかけて、政策起業家がユダヤ人の所有地を増やすためにどのような働きかけを行ったのかを調査したシュパイツマン(Shpaizman)らの研究を検証する。エルサレムの旧市街が残るこの地域では、パレスチナ人(アラブ人)とイスラエル人(ユダヤ人)の間で土地の使用や所有、管理を巡る対立が続いている。彼女らの研究報告にも記されているように、特に「神殿の丘」の周辺は「ゴミを取り除くのにも首相の正式な認可が必要なほど極めて高い緊張状態にある地域」として知られている（Shpaizman, Swed & Pedahzur 2016 : 1055）。そのような緊迫した情勢であるにもかかわらず、聖地と呼ばれるこの地域の多くの土地をユダヤ人の支配下とするために政策起業家が行動を起こし、大きな成功を収めたのだ。

この研究報告には、政策起業家が使用した戦略的思考やチームビルディングを含む様々な戦略が紹介されている。しかし、特筆すべきなのは政策起業家が行った意図的な視点の構築（フレーミング）および再構築（リフレーミング）だ。また、少しずつかもしれないが、増分的な変化を実現するために、現行の法環境の下で地道な活動が行われた。さらには、現行制度のあらゆる余白部分（抜け穴）を徹底的に利用することによって得られる恩恵についても強調されている。いかなるアプローチを使っても政策の変更が困難な場合には、それが極めて有効な手段となる。政策イノベーションを目指して行動を起こす前に、現行政策におけるすべての余白部分を利用することは、望ましい結果に向かって前進するための一つの手段として有用である。

シュパイツマンらは、問題のフレーミングを「転換（conversion）」という言葉で表現している。彼女らはこの「転換」という言葉を「現行政策を、当初の意図を超えた新たな目的に向かわせること」と定義している（Shpaizman, Swed & Pedahzur 2016：1046）。現行法を密かに、そして合法的に（ただし倫理的には問題があるかもしれないが）利用することが、土地所有権の取得にどれほど有効だったのかについて彼女らは説明している。そこで見られた政策起業家らは、土地所有権を取得するために政治的プロセスを極めて戦略的に利用している。例えば、不在者財産法の曖昧な規定の抜け穴を突いて土地を取得している。また別のケースでは、土地開発現場で発見された遺跡を保護することを目的とした手続きを巧みに利用して土地取得を行っている。

シュパイツマンらは、これを「最も起こり得そうもない状況下での政策起業の事例（least likely case）」の一つと表現している。土地の所有および管理のルールを維持しようとする圧力が極めて強い状況下で、そのような政策起業の活動が生じたことは意外である。目的を達成するために政策起業家がどのような活動を行い、一定の成功を収めることができたのかを検証するために、シュパイツマンらは、聖地のイスラエル人（ユダヤ人）居住地の増加に関する様々な書類や地理情報を活用している。その結果、問題のフレーミングが重要な役割を果たしたことが明らかになった。これには、議論の視点の転換、政治への働きかけの仕方の転換、そして力を持った政治家との良好な関係の構築などが含まれる。

(2) ネットワークの活用と拡大

知人とのネットワークは政策起業家のスキルや知識の源泉であり、それらネットワーク内の人々が自身の活動を支援してくれることを、政策起業家は明確に理解している（Burt 2000；Knoke 1990；Mintrom & Vergari 1998）。政策起業家が異なる自治体に所属する人々とのネットワークを持つことが、提唱する変革の魅力や効果を政府の意思決定者に説得する上で有用であることは、政策起業家や政策ネットワークの初期の研究で証明されている。

また、地元の自治体の政府内外の関係者とのネットワークを持つことは、政策の議会承認を得るために不可欠である（Mintrom & Vergari 1998）。近年の研究によって、政治学や政策研究におけるネットワーク分析やそれを応用した手法が大きく前進した（例えば、Lubell et al.〔2012〕；Yi & Scholz〔2015〕参照）。これを基礎として、ネットワーク内に存在する政策起業家を特定する手法についての研究や、ネットワークがどのように政策に対する支持拡大に寄与するのかについての研究が発展してきた。例えば、クリストポロスとインゴールド（Christopoulos & Ingold 2015）は、ネットワーク分析を使用することによって、政策コミュニティにおける自身の政策への支持を拡大するために、政策起業家が用いる戦略についての理解を前進させてくれた。ネットワーク分析は、政策決定関係者内の力関係を把握する上でも有用であり、それによって「どのように情報が伝達されているのか」「どのように評価が形成されるのか」「政策決定コミュニティ内外のアクター間でどのように支持が形成されていくのか」を検証することができる。また、ネットワーク分析は、質的および量的なデータを統合したり、複数の分析アプローチから得られた知見を組み合わせて検証したりする上で有用である。

アーノルドら（Arnold, Nguyen, Long & Gottlieb 2017）は、ニューヨーク州の政策起業家が水圧破砕法への支持を広げるために行っている活動を検証するために、洗練されたアプローチを使用してネットワーク分析を行っている。自治体レベルの政治的活動に焦点を当てた研究における定量的分析の可能性を広げたという観点で、この研究は注目に値する。彼女らは政策起業家に関する情報を得るために、自治体職員に調査票への回答を求めるシュナイダーとテスケ（Schneider & Teske 1992）の手法を踏襲している。アーノルドらは、水圧破砕法を支持する政策起業家とそれに反対する政策起業家の両方の存在について調査した。これによって、対立する立場にある双方の政策起業家が支持を広げるために、どのようにネットワークを活用するのかを比較検証することができる。さらに、政策起業家の活動にスポットを当てた報道資料を大量に集めて分析することによって、アーノルドらは、社会に深く根差した政策起業家の性質について幅広い洞察を提供してくれている。

水圧破砕法の賛否を巡る政策起業家の活動と自治体の意思決定についての研究を通じて、アーノルドらは、いくつかの有用な結論を導き出している。第一に、自治体関係者のネットワークに属する人々を自身の意見を支持するグループにより多く引き入れることができた政策起業家ほど、政策の実現に成功する確率が高いことがわかった。この知見は、政策決定におけるアドボカシー連携の重要性を指摘している近年の研究とも符合する。第二に、現状を打開しようとした、すなわち水圧破砕法に反対していた政策起業家は、反対する根拠となる新たな情報やエビデンスを自身が持つネットワークを通じて入手し、それを提示することができたことによって議論を優位に進めていた。それによって、優勢だった経済発展推進派を脅かすことができた場面もあった。そして最後に、水圧破砕法に賛成する政策起業家は、支持を拡大するのにそれほど労力をかける必要がなかったことがわかった。

政策起業家が政策を実現できた主な理由は、自治体の政策決定者と直接的な関係を持っていたことだった。政策決定者の多くが現状の政策を維持することに賛成の意見を持っていたからだ。水圧破砕法に賛成する政策起業家は、それを推進する根拠となる情報やエビデンスを集める必要性をあまり感じておらず、権力を持つ意思決定者との関係構築により多くの時間を割くことができた。それに対して反対派の政策起業家は、政府内外の支持者のネットワークを構築するために大きな労力が必要だった。

(3) 実現可能性の明示――模範を示してリードする

政策決定者に見られるリスク回避は、大胆な政策イノベーションを促進しようとするアクターにとって大きな障壁となる。政策起業家は、変化への抵抗を減らすために様々な行動を取る。よく使われる戦略は、他者と協力して行われる検証プロジェクトや実証実験などである。実現可能性を明確に示す手法は、様々な状況で活用されている。例えば、一九七〇年代から一九八〇年代の軍国主義的政治がはびこるブラジルにおいて医療システムの変革を実現した政策起業家に関するファレッティ（Falleti 2010）の研究は、その好例である。

ブラジルで一九八八年に制定され、一九九〇年代にかけて実行された医療制度改革は、ブラジルが民主主義へと移行する重要な分岐点と認識されている。しかしながら、医療制度改革は実際には小さな変化の積み重ねだったとファレッティは述べている。実は民主主義へと移行するずっと前から医療改革は始まっていたのだ。大規模な市民運動のきっかけを作ったのは軍国主義的政府だった。一九七〇年代に軍は、国の隅々まで政府の力が及ぶようにして独裁的支配を強固なものにするべく医療改革に着手した。

それに対して、「サニタリスタ運動」と呼ばれる大規模な市民運動は、より多くの国民に公的医療を提供する地域主導の医療政策を求めた。中央政府による妨害を受けた際には、公衆衛生活動を促進するなど、予防医療に焦点を当てた実証実験をさらに増やして対抗した。徐々に進む民主化の波の後押しを受け、サニタリスタ運動に関わる政策起業家は、彼らが理想とする医療モデルを全国に拡大していった。

したがって、一九八八年に医療改革法案が制定された頃には、すでに医療改革はかなり進展していたのだ。地域レベルで活動を行い、辺縁の町で活動をスタートさせることによって、それらの政策起業家は中央政府からの圧力をそれほど受けることなく、比較的容易に活動への支持を集めることができた。医療システムの欠陥を追い風に、彼らは小規模な予防医療施設や衛生設備を設置していった。それらの活動は徐々に全国に広がり、地域主導の医療提供体制を全国に普及させることができた。

ファレッティの研究事例は、中央政府の力を巧みにかわし、地域レベルで始まった政策イノベーションを全国に広げることに成功した政策起業家の活動の好例といえるだろう。彼らの活動が模範を示したことが、大きな変革の基礎を形作った。それらの変革は、貧困世帯への良質な医療提供体制の構築にもつながっている。この一連の医療改革のおかげで、ブラジル国内の医療アウトカムは大きく向上している。乳幼児の死亡率は低下し、平均寿命も劇的に伸びている。

4　ダイナミックチェンジの検証

政策起業家に関する研究が始められるようになった頃、政策の変革を促進する彼らの存在や行動が主たる関心事だった。ワシントンD．C．の政策決定プロセスにおける政策起業家の行動を検証したキングダン（Kingdon 1984［2011］）の研究がその一例である。その後、背景となる状況（因子）を解釈して、その影響を評価する定量的研究が展開されたことによって、政策が波及するダイナミックチェンジを捉えて検証することが可能となった。

ある自治体の政策起業家の行動が別の自治体のアクターを刺激して、同じような政策を目指す行動へと駆り立てることができるのだろうか。アメリカ国内の州政府レベルで活動する政策起業家について調べたミントロム（Mintrom 1997b）の研究は、政策の波及に政策起業家がどの程度寄与しているのかを評価することを意図して行われた。この研究が発表される前までは、自治体間の情報交換が新たな政策のアイディアの拡散を促進すると認識されていたが、そのような情報交換がどのように行われているのかについては、あまり注目されていなかった。政策起業家および政策ネットワークにおける彼らの働きかけに対するミントロムの研究によって、政策が周囲に波及していく仕組みがある程度明らかになった。

政策起業家の行動を注意深く観察することによって、政策イノベーションがどのように政治システム全体に広がっていくのかを理解するための道筋が見えてくる。カラファティスとレモス（Kalafatis & Lemos 2017）のように、多くの小規模な自治体が隣接する都市部では政策起業家が活発に活動するということを証明できたなら、一つの自治体の政策起業家の行動が他の自治体の似たような考えを持つアクターに刺激を与えるという説明は、極めて信憑性が高い。あるいはアーノルドら（Arnold, Nguyen, Long, Gottlieb 2017）のように、豊富な情報が共有されるネットワークに参加することによって政策起業家が特定の政策を実現できるということを証明できたならば、そのようなネットワークが政策のアイディアを拡散する重要な経路となっていることを説明できるだろう。

さらには、ファレッティ（Falleti 2010）のように、同じ志を持ち、互いにつながり合う政策起業家たちが長い年月をかけて複数の自治体に政策が波及するのを促進し、政策への支持を広げていることを証明できたなら、それらの活動がいずれは国家レベルで実現するダイナミックチェンジの設計図となると言っても過言ではないかもしれない。

ダイナミックチェンジの検証には、複数の事例を比較できる研究デザインが必要とされる。しかしながら、そのような研究デザインを設計するにあたっては、洗練された定量的分析の手法を厳格に踏襲する必要はない。それが理論に基づくデザインである限り、そして過去の研究に裏づけられている限り、信頼性を確保しながら政策起業家とダイナミックチェンジの間の関係の理解を前進できる可能性がある。この観点では、コーエン（Cohen）らの研究が、政策起業家が持っている波及効果に対する理解を進めてくれるかもしれない。

アリエリとコーエン（Arieli & Cohen 2013）は、二国間の貿易紛争後の国交正常化や協力体制の構築を政策起業家がどのように促進するのかを検証した。一九九四年に歴史的な平和条約を締結した直後のイスラエルとヨルダンにおいて、アリエリとコーエンは、二国間の友好的な関係を構築しようと模索した政策起業家の活動を記録した。すると、社会の異なるセクターに所属する複数の政策起業家が初期の段階からそれらの活動に関わっていることがわかった。いずれのケースにおいても、政策起業家は先駆者的役割を果たしていた。政策起業家らは、二国間の友好関係は「理想論」ではなく、「実現可能な未来」であることを人々に示した。建設的な関係を構築しようとした彼らの行動は、強力なデモンストレーション効果を生み、他の多くの人々の行動に影響を与えた。さらに重要なのは、初期の政策起業家の活動が平和条約の精神を人々に植え付ける作用を持っていたことだ。一九九四年の平和条約締結式の際に放たれた無数のカラフルな風船よりも、彼らの行動は平和を維持するために重要な役割を果たしたといえるだろう。

概念的に関連する研究として、ナボットとコーエン（Navot & Cohen 2015）は、政策起業家がどのようにイスラエルの政治腐敗を減らすことができたのかを検証している。これも同じく理論に基づく研究であり、緻密にデザインされた事例研究を効果的に活用している。その行動の強い影響力を通じて政策起業家がシステム全体を変化させる力を持っていることに言及しているという点で、この研究は特筆すべき価値がある。ナボットとコーエンは、イスラエルの汚職撲滅を目指す活動において中心的な役割を果たした二人の政策起業家の活動を検証している。二人の政策起業家は独自の方法で、前述したような政策起業家がよく使用する戦術を数多く活用していた。例えば、彼らは公式および非公式のネットワークを形成し、不正防止という目的を達成するために必要な人脈を築いていた。そのプロセスにおいて彼らは、汚職禁止法案を成立させるという強い意志を人々に明確に示していた。例えば、法律改正の必要性を力説し、司法の介入を求めるなど、公式な仕組みを通じて不正行為を減らすための働きかけを行った。

また、「情報提供者そして内部関係者として誠実な仲介人である」という自分に対する評価および信頼を得るための働きかけも怠らなかった。それに続いて、ネットワークの人々から得た立証可能な情報を基にスキャンダルを告発した。ナボットとコーエンは、もしも政策起業家が政策イノベーションに失敗したとしても、世間の人々の意識を高めることによって、そして汚職行為への監視を強めることによって、不正を減らすことができただろうと述べている。政策起業家のそのような行動が政治の世界に不確実性をもたらし、権力を乱用しようとする政治家を踏みとどまらせる。すなわち、それらの政策起業家は、政治システムに連鎖反応を起こす能力を持っていたといえる。

フットボールのスタジアムのような場所では、大声で叫んだとしても周りの一握りの人にしか聞こえない。しかし、マイクを使ってスピーカー越しに叫んだとしたら、周囲の注目を浴び、皆がその言葉に耳を傾ける。政策起業家は、まさにこの選択に迫られる。他の人々と同じように周囲の一握りの人々にだけ語りかけることもできれば、声を増幅する方法を見つけて多くの人々の注目を集めることもできる。公共政策や政治学の研究者にとっては、多くの人々の注目を集める政策起業家こそが最も重要な研究対象となる。かつて、スティーブ・ジョブズが「クレージーな奴ら（the crazy ones)」と表現した一握りの人々のグループの一角といえるだろう。ジョブズの言葉を借りれば、「彼らを肯定することも否定することもできるし、褒めたたえることも非難することもできる。しかし、一つだけできないことがある。それは彼らを無視することだ。なぜなら彼らは世界を変えるからだ」(Jobs 1997)。

政策起業家は大胆に行動する。政治家をはじめとする多くの人々が避けて通るリスクを、彼らは進んで引き受ける。したがって、スティーブ・ジョブズの言葉を借りるなら、「世界を変えられると考えているクレージーな奴らこそがそれを実現する」のであり、政策起業家もその一人なのだ。彼らの強い影響力を考えれば、政治学者や政策決定プロセスの研究者は、この独特の存在である政治的アクターがどのようにダイナミックチェンジを起こすのかに注目するべきだろう。

5　結　論

一九九〇年代以降に行われた緻密にデザインされた数々の研究プロジェクトのおかげで、政策起業家に関する多くの洞察を得ることができた。立ちふさがる集合行為の問題に立ち向かおうとする政策起業家が現れるか否かに、取り巻く環境がどのように影響を与えているのかについての理解を前進させることができた。政治的働きかけの道が険しい場合や、既得権を持つ利害関係者のグループの力が強大な場合には、政策起業家が持てる力を発揮するのが難しくなる。シュナイダーとテスケが提供してくれたエビデンスによって、政策起業家がインセンティブに駆られて行動に移すことを理解することができた。政策イノベーションを実現できる可能性が低いと考えられる場合には、彼らが政治の舞台に登場する可能性は低くなる。

さらに、シュナイダーとテスケの研究を土台にして行われたミントロム（Mintrom）の研究によって、政策起業家が持つ影響力の大きさと、取り巻く環境が政策起業家に与える影響を体系的に理解することができた。そして、その後に行われた数々の研究も、政策起業家の目的の実現に特定の戦略がどれほど寄与したのかについての理解を大きく前進させてくれた。政策起業の最も重要な側面の一つは、複数の自治体に変革が波及する可能性だ。そのようなダイナミックチェンジをどのように説明すればよいのだろうか。本章で検証したいくつかの研究が、ダイナミックチェンジのプロセスや、そこでの政策起業家の役割についての洞察を与えてくれた。

本章では、政策起業家および彼らが活動する環境、そして彼らが持つ影響力の大きさに関する研究の経緯を紹介してきた。第5章では、これから先も政策起業家に関連する研究への注目がより一層高まる可能性について示唆したい。そこでの重要な関心は、政策起業やダイナミックチェンジに関する将来の研究が、近代政治の本質にどのような新たな洞察を提供できるのかという点だ。

第5章　将来の研究の方向性

政策起業家の研究は、この約三〇年間で急速に進展してきた。この間に政策起業家に関する研究は、わずかな数の単発的な事例研究から、数多くの洗練された研究デザインに基づく緻密な評価へと発展してきた。この過程において、地域レベルの政策起業家の行動が、ダイナミックチェンジへと波及する仕組みを解明するための様々な試みが行われてきた。

このミクロからマクロへの効果の波及は、研究の価値がある。そのような研究を通じて、社会構造（ストラクチャー）やそこで行われている働きかけ（行為主体性）を、「政策起業に関わるアクターに主眼を置いたネットワーク分析（actor-centred analysis）」によって解明する道が開かれる。政策起業家についての完成された理論に基づく研究プログラムを構築できたなら、ダイナミックチェンジをより明確に説明できるようになるだろう。そのような研究を通じて、地域レベルから世界レベルに至る広範な環境において変化が波及する仕組みについて深い洞察を得ることができると考える。

本章では、政策起業家の特性や行動および彼らが活動する環境、採用する戦略や手法、そしてその影響力について、それらの将来の研究の方向性を検討したい。また、新たな研究デザインを構築するにあたり、過去の研究をどのように発展させることができるのかについて言及していく。政策起業家についての過去の多くの研究は、特定の領域や環境における政策起業家の存在やその行動を研究対象としている。例えば、温室効果ガスの排出量を減らすことを目的に計画された新たな政策を促進するために自治体政府の内外で活動する政策起業家をターゲットにした様々な研究が行われている（Drummond〔2010〕；Kalafatis & Lemos〔2017〕；Mintrom & Luetjens〔2017〕；Rabe〔2004〕参照）。特定の政策領域や環境に焦点を当てることは、政策起業についての新たな洞察を得るという観点で有効と考えられる。政策起業家やダイナミックチェンジについての知識は、過去の様々な研究によって積み上げられてきたものだ。

しかし、政策起業に関する将来の研究を構想するにあたっては、どのようなアプローチが最も効果的なのかについて先入観を持たずに検討することも必要と考える。これまでに行われてきた事例研究や比較研究、時系列の定量的研究、イベントヒストリー分析、調査票を使った研究アプローチ、そしてネットワーク分析は、すべて政策起業に関する知見の蓄積に大きく寄与してきた。さらに、それらの研究と並行して、新たな研究手法を試してみる価値は大いにある。それも本章で議論していきたい。それが理論に基づくアプローチである限り、どのような形態の実証的研究も試してみる価値がある。政策起業家に関する現在の知見は、その繰り返しによって蓄積されてきたのだ。

新たな研究を始めようとする時、一つの問いが投げかけられる。その研究の目的は、政策起業や政策イノベーション、ダイナミックチェンジの仕組みについての「学術的な理解」を進めることだろうか。あるいは、政策イノベーションを実現しようと模索する政府内外のアクターに「実用的な知識」を提供するためだろうか。この問いに答えるとしたら、「実用的な知識という観点においても、理論に基づく体系的な実証研究によって最も有用な洞察が得られる」という見解に、筆者は概ね賛同している。もちろん、それらの研究から常に実用的な洞察が得られるわけではない。さらにいえば、政策起業家を目指す人々は、実践しながら学ぶことによって、そして経験豊富な実践者から学ぶことによって、重要な洞察を得るケースが多いだろう。

しかし、政策起業についての理解を進めたいのであれば、そして効果的な実践方法を探りたいのであれば、理論に基づく体系化された実証研究が不可欠である。緻密な研究によって得られた知見なしには、散発的な成功事例の寄せ集めに終始してしまう。政策起業家の能力や経験則だけに依存していては、様々な環境下で政策起業を前進させることはできない。

1　他の人とは一線を画すアクターとしての政策起業家

キングダンは、政策起業家を「政府の内外、選挙で選ばれた人あるいは指名された人、利益団体あるいは研究機関など、立場や所属組織を問わず存在している。しかし、その決定的特徴は、ビジネスにおける起業家と同様に、将来のリターンのために、時間や労力、社会的評価、そしてときに財産といった自身の資源を投資する意思を持っていることだ」と定義した（Kingdon 1984［2011］: 122）。すなわちキングダンは、政策起業家は他の人とは明確に区分できるアクターであると主張している。言い換えれば、彼らは一般的な政治家や官僚、利益団体のリーダーとは一線を画す存在である。キングダンの研究が発表されて以降、政策決定コミュニティの内外のその他のアクターと政策起業家との違いを理解するために、数多くの研究が行われてきた。それらの研究によって、政策起業家の特性についての見解が徐々に集約されてきた。なお、政策起業家が他の人とは一線を画す存在であるという主張に反対する声は上がっていない。

政策決定サークルの内外にいる起業家的アクターの概念を、より正確に定義しようとする過程では、ビジネスの世界の起業家に関する知見を大いに参考にしてきた（例えば、Arieli & Cohen〔2013〕：Mintrom〔2000〕：Petridou〔2016〕参照）。政策起業家に関するこれまでの研究の中で、政策起業家に共通する特性がいくつも指摘されてきた。第1章で述べたように、政策起業家は、信念、社会感受性、信頼性、社交性、粘り強さを持った人々だ。それらの特性をリスト化するアプローチは有用だろう。また、それらの特性を知ることは、人生の目的を達成し、社会に貢献したいと考えているすべての人々にとって有益である。ただし、このような特性を発揮するだけで誰もが政策起業家となれるわけではない。

政策起業家という存在をより明確に定義するために、今後どのような研究が求められるのだろうか。第一に、すべての政策起業家は別のアイデンティティも持つことを忘れてはならない。すなわち、政策起業家は、政治家かもしれないし、政府職員かもしれない。あるいは、企業経営者や利益団体のリーダー、活動家、または問題意識を持った市民かもしれない。したがって、特定の枠に縛られることなく、それらのアクターを探さなければならない。実際に近年の興味深い研究の中には、政策起業家とその他の政治的アクターとの間の重複する特性を検証しているものもある。これについては例えば、市民と接点を持つ公務員（警察官やソーシャルワーカー、など）と政策起業家について検証したコーエンらの研究や（Frisch-Aviram, Cohen & Beeri 2018）、バウンダリー・スパナー（境界の連結者）としての政策起業家の活動を検証したフォーリングらの研究を参照いただきたい（Faling et al. 2018）。なお、政策起業家の特性について言及している研究は、これらの他にも数多く存在する。第二に、仮説となる起業家的特性を評価・測定する方法が必要である。可能であれば、それらは比較可能なものであることが望ましい。政策起業家間の比較、そして政策起業家と他の政治的アクターとの間の比較の両方が可能な方法が求められる。

想像してほしい。例えば仮に、失業者の職業訓練や再就職支援の手法を改善するための政策を促進しようとしている政治的アクターを特定したいとしよう。アメリカやオーストラリアのような連邦制の国家においては、そのようなアクターの大部分は州レベルで活動していると推測できる。過去の研究に倣い、調査票調査によってそれらの人々を特定することができる。例えば、政策の変化を促進しようとするアクターの存在の有無について、就職支援政策に携わる州の職員に回答を求める方法がある。仮に、それによって五つの州の一五人のアクターを特定できたとする。この時点で、リスト化された政策起業家の特性が各人にどの程度当てはまるのかを検証するために、その一五人の特性を評価するのも有用な方法である。これは、過去によく使われてきた研究手法の一つである。

また、この手法は、特定した個人が政策イノベーションの促進において中心的な役割を果たしている人物なのかを検証するための一連のアプローチと組み合わせて使用することもできる。さらに、もう一歩踏み込むことによって、より強固な知見を得ることができる。それは、政策起業家として特定された一五人と同じ環境に置かれている他の政治的アクターの特性を評価し、それを比較する方法だ。

研究プロジェクトに一段の複雑さが増すことになるが、このステップを加えることによって、同じ環境における政策起業家とその他の政治的アクターの特性を比較することができる。そうすることで、意志や社会感受性、粘り強さという観点で、政策起業家が本当に他の人とは一線を画す存在なのかについて重要な洞察を得ることができるかもしれない。どのような結果が得られたとしても、政策起業家が政策イノベーションの成功に寄与した因子をより正確に捉えるための手助けとなる。例えば、政策起業の成否を分けた因子が、個人が持つ特性なのか、環境なのか、それとも戦略の効果的な活用なのかを検証することが可能かもしれない。

2　環境が政策起業に及ぼす影響

キングダン（Kingdon 1984［2011］）は、政策起業家の活動について議論する時に、政策決定プロセスに関する幅広い理論を参照している。彼が提唱した多元的流路アプローチは、政策の選択肢の決定に大きな影響力を持つ背景因子の役割を重視している。つまり、政治的な事情によって政策の選択肢が狭められ、問題の出現と議論によってもう一層の選択肢の絞り込みが起き、政策決定コミュニティ内外の議論によって、さらに選択肢はふるいに掛けられる。もちろん、環境がすべてを決定するわけではない。高い社会感受性を持つ政策起業家は、他の人々が気づかない「政策の窓」の存在に気づくことができる。あるいはその社会感受性を使って、膨大な数の政策課題が存在する中で自身の政策のアイディアを際立たせるために最も効果的な議論を見つけ出すことができる。

この数十年の間に政策起業家に関する研究は、政策起業家のイノベーションの達成に環境因子がどのような影響を与えるのかを検証することによって、さらに洗練された知見を提供できるようになった。環境の影響について考える時には、次の三つの疑問に対する答えを探さなくてはならない。第一に、その環境において最も重要な政治的、社会的、経済的因子は何だろうか。第二に、それらの環境において最も強い影響力を持つ利害関係者は誰か、あるいは最も大きな関心事は何か、そして、それはなぜだろうか。第三に、もし政策起業家が存在しなかった場合、どのような状況になったと考えられるだろうか。

また、政策起業に影響を与える背景因子を探る上では、政策決定プロセスに関する数多くの理論を参照することによって、多くの洞察を得ることができる（第3章参照）。どのような関心事が存在し、それがどのように変化していくのかを知りたい時には、エリート理論が道を照らしてくれる。現行の制度設計およびそれらが制定される背景にあった利益団体の存在や、その結果として生じた利益と不利益を理解するためには、制度主義の概念が役立つかもしれない。

さらに、現在の政策決定プロセスの政治力学を検証する際には、増分主義および断続均衡理論の概念が必要となるかもしれない。いずれの理論も、過去から現在までの政策の変化の経緯を辿る作業の重要性を示唆している。この観点では、「アドボカシー連携フレームワーク（Advocacy Coalition Framework）」の概念を使用して検証する際にも同様に、利益団体や政策決定コミュニティなどにおけるアクター間の関係性が過去から現在にかけて、どのように変化してきたのかを探索する必要がある。将来の研究においては、政策決定プロセスに関する理論をより創造的に活用する余地が残されている。政策決定プロセスの理論の解釈は進化し続けており、政策起業の研究手法は、それと共に進化すべきである。ナラティブ政策分析（ストーリーを使用して政策への支持拡大を模索する活動についての分析）の近年の急速な発展を見てもわかるように、政策起業の研究には大きな潜在的可能性が秘められている（例えば、Kirkpatrick & Stoutenborough〔2018〕参照）。

政策決定プロセスにおける政策起業家が越えなくてはならないハードルについての理解を進めるだけでなく、政策起業家を取り巻く環境を理解するために検証すべきことは他にも様々ある。ここでは検証すべき点を四つ提示したい。一つ目は先程も触れた「政策起業家が持つもう一つのアイデンティティによる違いは何か」であり、二つ目は「政策起業家が政策決定のどのプロセスで最も活動するか、そしてその選択はどのようになされるか」、三つ目は「政策起業家が選択する活動の舞台はどこか」、そして四つ目は「西洋以外の政治環境における政策起業家の出現はどのように起こるのか」である。

一つ目について、政策起業家は、政府内外の様々な立場から働きかけを行うことができる。これは過去三〇年間の多くの研究においても証明されている。しかし、政策起業家の行動についての理解が大きく前進した現在では、特定の環境因子がそれぞれの政策課題に対する政策起業家の出現をどのように後押しするのか、あるいは阻害するのかを詳細に検証することも可能だ。例えば、教員や学校長のような肩書を持つ人は、教育政策に関わる課題を解決するための働きかけをしていると私たちは考えがちである。同様に、医療従事者は医療政策分野の政策起業家となっているのではないかと思うかもしれない。

しかし、実際には教育者や医療従事者が、農家への農業用水の配分の仕組みについての政策議論において重要な役割を担っていると知ると、きっと驚くことだろう。政策決定プロセスにおいては、十分な専門知識を持っていることがその人物の信頼性を高める。それゆえ、政策起業家として立ち上がった人物、あるいはそれらのアクターが政策議論に持ち込む経験やスキルが、環境因子によってどのように制約を受けるのかについて、もっと正確に説明するべきである。同じような論理から、政治家や上級官僚、利益団体のリーダーらが政策起業家として立ち上がるための背景や条件についても説明できなくてはならない。同様に、ある環境においては熱心な市民が政策起業家となって現れるのに対して、他の場所ではそうならない要因を説明できるようになるべきである。

二つ目について、政策起業家に関するこれまでの研究は、政策イノベーションを促進して政策議題にそれを取り上げさせるまでの彼らの働きかけに焦点を当てる傾向があった。そのような研究においては、ある自治体で新たな政策が可決されることでアドボカシー活動の目的が達成されたと捉えていることになる。しかし、本当にそれで完結してよいのだろうか。公共政策を実行する段階において、その有効性に大きなばらつきが報告されていることを考慮すれば（Howlett & Ramesh 2016）、政策実行段階においても政策起業家が活躍する余地は十分に残されていると考えられる。また、ある場所で有効に機能した政策を他の場所で再現するために必要な働きかけという観点では、今後の研究の余地が十分にある（Meier & O'Toole 2001）。

政策の有効性の捉え方の変化に対応した政策プログラムの評価が潜在的に求められていることを考慮すれば（Baumgartner & Jones 1993：Carter & Jacobs 2014）、政策起業家の中には現行政策の評価から活動をスタートさせる可能性があると考えるのも理にかなっている。政策の実行に関わっている政策起業家についての研究も報告されていることから（Arieli & Cohen 2013：Sugiyama 2011）、政策の実行に携わる政策起業家が政策議題を設定するためのツールとして政策評価をどのように活用しているのかを含め、このテーマには研究の余地が大いに開けているといえるだろう。さらにいえば、政策起業家がアドボカシー活動をスタートさせるタイミングについて検証するのも有用である。

三つ目について、政府や自治体の役割や機能を考慮に入れると、国の政府が外交や貿易、国防といった政策に重点を置く一方で、自治体は公共輸送や交通、ゴミ問題に焦点を当てている理由を説明するのは容易だ。しかし、公共政策の多くの分野を単純に役割や機能だけで分類することはできない。連邦制のシステムにおいては、国や州政府、そしてあらゆる自治体が、教育や公衆衛生、環境問題などの政策議論に加わる。これは他の多くの公共政策の分野においても同様だ。これまでの政策起業に関する研究は、国や州政府、自治体のあらゆるレベルにおける政策の変化を検証してきた。

しかしながら、これらの異なるレベルの政府間に変化が波及するダイナミックチェンジの仕組みを検証した研究は数少ない。例えばミントロム（Mintrom 1997a）は、政策の変化における州と地方自治体との間の結びつきについて検証している。その研究の焦点は、自治体レベルで政策起業家が促進した政策イノベーションが、どのようにして州におけるより大掛かりなダイナミックチェンジへとつながったのかという点だ。それと同様に、ミントロムとリュートエンス（Mintrom & Luetjens 2017）は、国や州レベルの気候変動抑制政策の促進に、政策起業家の自治体レベルの活動がどのような作用を持っていたのかを検証している。似たような研究としてラベ（Rabe 2004）は、ワシントンD．C．（連邦政府）の指示を待たずに、どのようにアメリカの州知事が気候変動抑制のための政策を促進できたのかを説明している。政策起業家が特定の政策を実現するために選択した自治体について、そして彼らがなぜその自治体を選択したのかについて、今後さらに検証を進めることによって多くの知見が得られると考えられる。バウムガルトナーとジョーンズ（Baumgartner & Jones 1993）は、政策起業家のこのような選択を「政策を促進する場所の見定め（venue shopping）」と呼んでいる。政策起業家が、政策促進の場を選択する仕組みについては研究の余地が大いに残されている。

最後に、世界各地で政策起業に関する研究が行われるようになってきたという点も興味深い。例えば、最近行われた事例研究によれば、アメリカとは政治システムが大きく異なる中国においても政策起業家の活動が確認されている（Hammond 2013；He 2018；Teets 2015）。将来を見据えれば、多様な政策決定環境における政策起業についての研究を進めることには二つのメリットがある。

一つ目は、様々な環境の政策決定プロセスにおいて実践されている起業家的活動の斬新な戦略を明らかにできるかもしれないということだ。それらの新たなアイディアは、実践的な観点で政治プロセスに新たな洞察を提供するかもしれない。

二つ目に、政策起業家に関する研究が世界の様々な場所で行われるようになることによって、既存の理論を発展させる新たな視点を与えてくれるかもしれない。そして、そのような新たな研究が世界各地で行われるようになることによって、政策起業家の出現傾向やそれらの人々の特性、行動、そしてその影響力の形成に環境がどのように影響しているのかを、より体系的に比較検討することが可能になる。

3 政策起業家が用いる戦略

他のアクターとは一線を画す政治的アクターである政策起業家についての理解を進める上で、今後どのような研究が求められているのかについて述べた。ここからは、政策起業家が特定の戦略をいつ、どのように使用するのか、そしてそれらの効果はどのくらい高いのかについての理解を前進させる上で、今後求められる研究について検討したい。前述したように、政策起業家は政策イノベーションを促進しようと試みる点から見て他とは一線を画すアクターであるが、使用する戦略においては両者に共通点が見られる。政策起業家に見られる特性と他の政治的アクターのそれを比較検証することによって、他とは一線を画す政策起業家の特性についての理解を前進させることができる。

その一方で、用いる戦略という観点では、政策起業家とその他の政府内外のアクターとの間にある多くの共通点を理解した上で検証を進めることによって、政策起業家についての理解をさらに深めることができる。政策起業家とそれ以外のアクターとの間で用いる戦略に共通点があることを認識し、それを検証することは、既存の研究が捉えてきた「他とは一線を画すアクター」という政策起業家像を塗り替えようとする試みに見えるかもしれないが、決してそれを意図しているわけではない。むしろ、政治や政策決定、および関連する領域のすべてのアクターがそれら特定の戦略を使用しているという前提に立つことで、政策起業家に特有の戦略の使い方を実証的に証明した基礎データを提供することができる。

ホワイトハウスの大統領上級顧問だったカリルは、自身が提唱する政策イノベーションを前進させるために、政策起業家がよく使う戦略をどのように模倣したのかについて説明している。彼が作成したリストは洞察に富んでおり、あらゆる組織で働く人にとって参考になるだろう。彼が結論づけたのは、「影響力を身に付けたければ、多くのことに細心の注意を払って対処するのは最低限行うべき」ということだ（Kalil 2017）。例えば、他者を説得して変革の実現に向けた活動への支援を受けるために、誰でも実践できるいくつかの特定の行動がある。筆者の研究においても、政策分析に携わるすべての人々が有効に活用できるスキルが数多く存在すると主張してきた（Mintrom 2003）。

筆者がそれらのスキルをまとめた文書を公開する決心をしたのは、政策決定に携わる多くの人々が政策起業家のように行動することで成果を高めることができると考えたからだ。しかし、より有用性の高いスタート地点は、戦略的思考の広範な応用範囲を理解することであり（例えば、Dixit & Nalebuff〔2008〕参照）、そして、あらゆる人々にとって有用な特定の戦略を政策起業家がどの程度採用しているのかを検証することだ。このアプローチを使用することで、政策起業家が使用する一連の戦略は固定されたものだという思い込みを避けることができる。むしろ、政策起業家がどのような戦略を使用しているのか、そしてなぜその戦略を使うのかを検証し続ける必要があると考えられるようになる。

過去数十年にわたり、政策起業家が使用する戦略をより明確に説明しようとする研究努力が続けられてきた。その結果、政策起業家がどのように問題のフレーミングを活用しているのか、政策実現のためにどのようにチームビルディングしていくのか、ネットワークをどのように活用するのか、そしてアドボカシーグループの中でどのような役割を果たしているのかなどについて、多くの知見を得ることができた。将来を見据えると、それら特定の戦略の活用について検証を進めていくことによって、政策起業についての理解をさらに前進させることができる。

政策起業家のネットワークの活用については、これまでに数多くの定量的研究がなされているが、他の多くの戦略については事例研究の域を出ていない。「政策起業家が使用する戦略の種類や使用するタイミング」「使用する理由」「成果」、そして「政策決定コミュニティの内外にいる他のアクターとの共通点と相違点」に至るまで、それらを体系的に検証することによって、より多くの洞察を得ることができるはずだ。このような疑問の解明に寄与する優れた研究は、政策起業家が用いる戦略についての理解を前進させ、政策決定コミュニティの中で特定の戦略をどのように使用できるのかについて幅広い洞察を提供してくれるだろう。

研究者の多彩な視点から政策起業を理解しようとする「好奇心を満たす（curiosity-driven）」ための学術的研究はさておき、政策起業家が用いる戦略についての研究は、政策起業家を志す人々に重要な示唆を与えてくれる。ディキシットとネイルバフ（Dixit & Nalebuff 2008）は、プロフェッショナルとしてのスキル上達を目指す人々のために戦略的思考の教材を出版した。ホワイトハウスにおける政策起業の自身の経験を書き留めたカリルのエッセイは、インフルエンサーを志す人々に有用なアドバイスを提供している（Kalil 2017）。それらの書物は、「政策起業家を育成することは可能だろうか」という根本的な疑問を浮かび上がらせる。専門スキルの教材が発行されているということは、大部分のスキルは学ぶことによって身に付けられることを意味するが、実践の場でそれを有効に活用できるかどうかについては、本人の忍耐力とモチベーションによって大きく異なるだろう（例えば、Deci & Ryan〔1985〕；Ericsson, Prietula & Cokely〔2007〕；Mintrom〔2014〕参照）。

ビジネススキルやリーダーシップ、創造力といったスキルを養うための努力が世界中で行われている。それと同様に、優れた起業家を育成する方法についての研究も数多く存在する（例えば、Brannback & Carsrud〔2015〕；Margolit & Kopp〔2019〕参照）。政策起業家の研究によって得られた多くの知見を翻訳して、政策イノベーションやダイナミックチェンジの実現を志す人々への実用的なアドバイスに変換することができたなら、それは素晴らしい研究の発展といえるだろう。

4　活動の効果に対する評価

政策起業家は、大胆な政策イノベーションを促進するために他者と協力しながら政府内外で活動を続けるエネルギッシュなアクターである。そうなのであれば、彼らの行動と政策の変化との関係を検証することによって、彼らの活動の効果を評価することも重要だろう。これは研究の発展に欠かせない重要なテーマの一つである。将来を見据えると、政策の変化に対する政策起業家の影響力、あるいは活動の効果をさらに明確に理解するための研究が求められる。ここでは二つの観点の研究が考えられる。一つ目に、効果（あるいは影響）の定義を明確化する必要があるだろう。二つ目に、異なる環境における政策起業を評価するためには、多様な指標を評価の対象とすることも検討すべきかもしれない。いずれの観点においても研究の余地が大いに残されている。

法改正は最も明確な政策の変化の証である。これを考慮すれば、政策起業家の活動の効果を評価する指標の一つとして法改正に焦点を当てることは適切と考えられる。同時に、幅広い分野における政策起業を評価するにあたっては、法改正以外の変化も重要な指標となる可能性があり、これについても今後の研究の重要なテーマの一つとなるだろう。アリエリとコーエンは、平和条約に署名した後のイスラエルとヨルダンにおいて、政策起業家がどのように二国間の市民の協力体制の構築に貢献したのかを検証している（Arieli & Cohen 2013）。シュパイツマンらは、代わり映えのない政策が長期間続いている環境下で、政策起業家が政策イノベーションを達成できた理由、そして彼らの活動の効果について検証している。その結果、政策起業家が法律の抜け穴を巧みに利用して目的を達成したと主張している（Shpaizman, Swed & Pedahzur 2016）。

ブラジルの医療政策についての歴史的制度主義研究を行ったファレッティは、地方自治体間の連携がどのように医療改革に寄与し、国家レベルの政策決定にも影響を与えたのかについて説明している（Falleti 2010）。これら三つの研究は、すべて評価する指標として法改正だけに注目していては気づくことのできない大きな効果が政策起業家の活動によって生まれていることを証明している。これが示唆するのは、政策起業家の活動の効果の定義および評価の指標を再考し、環境によって、あるいは時代とともに、それらがどのように変化しているのかを明らかにする必要があるということだ。

政策起業家に関する研究の多くにつきまとう懸念の一つは、政策起業家が特定されるタイミングはほとんどの場合、政策イノベーションが起きた後であることだ。その結果、研究デザインに選択バイアスが働く可能性がある。これまでの研究の多くは、政策イノベーションが起きた場所だけを対象に、それを促進した政策起業家の存在を確かめようとする手法を採用している。変革が起きた場所では常に、そこで特定された政策起業家が政策イノベーションの促進に成功している。したがって懸念されるのは、このような研究手法においては、まだ成功に至っていない政策起業家が研究対象として特定されることがないという点だ。

さらには、変革を目指して行動したが失敗に終わってしまった政策起業家も同様に見過ごされてしまう。それを回避するためには、すべての組み合わせを網羅した研究デザインが必要となる。すなわち、「政策起業家が存在し、政策イノベーションも起きた」というシナリオだけでなく、「政策起業家は存在したが、政策イノベーションは実現しなかった」「政策起業家が存在しなかったが、政策イノベーションは起きた」、そして「政策起業家が存在せず、政策イノベーションも起きていない」シナリオについても検証する必要がある。政策起業家の存在と政策の変化との間の理論上のすべての組み合わせを考慮した研究デザインによって、初めて政策起業家の真の影響力を証明することができる。

ここで提示したような政策起業家の活動の効果・影響力の評価においては、定量的評価を使った研究デザインは必ずしも必要とされないが、そのような研究デザインを使うことには一定の価値がある。定量的評価による比較研究を行うためには、アメリカの州、あるいは一定の条件に当てはまる特定の自治体のような、共通の特徴を持つ自治体間における、似通った政策の変化をターゲットとする必要がある。過去に行われたアメリカの州レベルの研究の中には、このような定量的評価が用いられている例もある（例えば、Mintrom〔1997b〕参照）。このような研究をさらに前進させることはできるだろう。過去には例えば、全く同じ政策課題に対する各州の法制化の違いを比較検証する研究が行われたこともある（例えば、Glick & Hays〔1991〕；Mooney & Lee〔1995〕参照）。アメリカの州におけるチャータースクール設置に関する政策は、州によって要件が厳格なところもあれば、寛容なところもある（例えば、Vergari〔1999〕参照）。将来を見据えれば、政策の変化を達成した自治体間の微妙な違いをより正確に捉えた研究が求められるだろう。同じような政策の変化が見られた自治体間で政策起業家がとった行動の違いを検証することで、政策起業家が使用した戦略とその効果との間の関係性についての新たな知見を得ることができると考える。

5　政策起業家とダイナミックチェンジ

政策イノベーションによる恩恵は、その変革が実現した自治体だけに享受される。しかしながら、その変革が他の自治体へと波及した場合には、社会全体にさらに大きな恩恵をもたらす。本書ではこれを「ダイナミックチェンジ」と表現してきた。ロジャーズ（Rogers）の名著 *Diffusion of Innovation*（『イノベーションの普及』）の初版が一九六二年に発行されて以来、多くの分野の研究者が、コミュニティや組織、自治体などにおいて変革の波及を促進する因子を特定しようと試みてきた。ロジャーズの研究に感銘を受けた政治学者のウォーカーは、アメリカの州間における政策イノベーションの波及について検証した（Walker 1969）。また、ポルスビー（Polsby 1985）は、事例研究の手法を用いて、政策イノベーションの促進を取り巻く政治的作用について鋭い洞察を提供している。研究分野は異なるが関連のある研究として、バンデベン（van de Ven 1986）は、組織のイノベーションを前進させるために不可欠な因子の新たな分類を考案した。この分類が報告されると、集中力の管理に関する問題、新たなアイディアを商品に変換するプロセスにおける問題、そして複雑な組織環境のリーダーシップに関する問題に注目が集まった。その後、大規模な政治学的研究によって、政策イノベーションの普及メカニズムの一端が明らかになった（Berry & Berry〔2018〕のレビュー参照）。

同時期に別の政治学研究グループは、政策イノベーションが国家間で波及するメカニズムを探究している（Dolowitz & Marsh〔1996〕のレビュー参照）。これらの研究から得られた知見をまとめた考察も、いくつか発表されている（例えば、Marsh & Sharman〔2009〕；Shipan & Volden〔2008〕〔2012〕参照）。ミントロムの政策起業家と政策イノベーションの波及効果に関する研究は、過去の政策起業に関する知見と政策イノベーションの拡散に関する知見とを統合しようと試みている（Mintrom 1997b）。この研究が示唆しているのは、政策起業家が政策ネットワークへの関与を通じて、政策が他の場所へと波及するダイナミックチェンジの重要な経路として働いているということだ。もちろん、ダイナミックチェンジが起きるプロセスにおいては、他の様々な因子が関与していることは言うまでもない。

近年の研究によって、ダイナミックチェンジについての理解は大きく前進している。それらの研究から得られた知見は、政策起業家およびダイナミックチェンジについての将来の研究の土台を提供してくれている。ダイナミックチェンジの研究には定量的分析を用いることが多く、今後も理論に支えられた定量的な実証研究から有用な知見が得られると考えられる。シパンとヴォルデンは、ダイナミックチェンジに関する幅広い研究を集めて検証している（Shipan & Volden 2012）。彼らの考察によれば、近代政治における情報の流れは、過去のどの時代よりも広範囲に及んでいる。

その結果、現代の自治体は他の自治体から学ぶ機会が数多くある。政策イノベーションは最初に近隣自治体へと波及するケースが多いと想像できるが、エビデンスが示唆するのは政策イノベーションの波及の仕方には様々なパターンが存在するということだ。自治体は情報を交換し合っているが、その情報収集能力には自治体によって大きな差がある。例えば、より多くの専門家を抱え、資源を豊富に持つ自治体は、そうではない自治体よりも、最新の情報を入手してすばやく政策議論を開始することができる。また、自治体間の「結束」が政策の変化を促進する場合もあれば、自治体間の「競争」がそれを促進するケースもある（例えば、上位の政府が下位の政府に新たな政策の導入を迫ることもある）。

シパンとヴォルデンの研究は、ダイナミックチェンジを目指す人々にいくつかの重要な洞察を提供してくれた。一つは政治的駆け引きの重要性だ。したがって、それぞれの自治体が政策イノベーションを受け入れられるかどうかを判断するために、政策起業家は状況を的確に解釈しなければならない。第二に、政策そのもののデザインが自治体の受け入れの判断に大きな影響を与える。複雑で難解な政策は拡散する速度が遅く、現行の政策との共通点が多い政策はよりすばやく波及する。他の自治体で政策イノベーションが容易に実現した先行事例があることや、現行の政策と比較して利点があること、そして実証実験が容易に実施できることなどはすべて、その政策イノベーションが他の自治体へとすばやく波及する可能性を高める因子となる。

また、ネットワークが政策起業家の活動をどのように支えるのかを分析したアーノルドらの研究も、ダイナミックチェンジのメカニズムに関する重要な洞察を提供してくれている（Arnold, Nguyen Long & Gottlieb 2017）。これらの研究から得られた知見も、政策起業家の活動やダイナミックチェンジに対する彼らの影響力に対する理解を前進させるために行う今後の研究の参考になるだろう。それに加えて、ブーシェイは、政策が波及するプロセスをモデル化する効果的な手法についての理解を前進させてくれた（Boushey 2010：2012）。特に、ダイナミックチェンジのプロセスを解釈する上で断続均衡理論の概念がどのように役立つのかを示したことは注目に値する。ブーシェイによれば、政策課題に対する効果的なフレーミングは、政治家の注目を集める可能性を高めるとともに、その政策を採用することに対する肯定的な意見を増加させる効果がある。これらの近年の研究知見は、ダイナミックチェンジについての理解を前進させ、政策起業家がどのようにダイナミックチェンジを牽引するのかに関する強力な研究基盤を作ったといえるだろう。

6　政策起業家と政策のスケールアップ

ここまでは、特定の自治体における政策の変革および他の場所への政策の波及に対する政策起業家の活動の影響力に関する今後の研究可能性について議論してきた。さらに検証を進めるべき余地があると考えられるのが、最初から大規模なダイナミックチェンジを作ろうとする政策起業家の存在であり、彼らがそれをどのようにして実現しようとするのかという疑問だ。第４章で、「世界を変えられると考えているクレージーな奴らこそが、それを実現する」というスティーブ・ジョブズの有名な言葉を引用した。将来を見据えれば、気候変動や人口増加などの重要な課題が山積する中、環境および社会、そして経済的なアウトカムを高めるための解決策となるスケールの大きな政策が求められている。これらの政策をどのように対象にしていくことができるだろうか。その答えを探ろうとする研究が近年進められている。例えば、ミントロムとトーマスは、国連のＳＤＧｓ（持続可能な開発目標）の達成を政策起業家がどのようにサポートしていけるのかについて検証している（Mintrom & Thomas 2018）。

彼らは、設定した目標と実現した変化との間の関係の推移をマッピングすることを提案している。もちろん、これまで述べてきたような政策の変化や波及を促進する活動に影響を与える数多くの因子を考慮に入れる必要がある。洗練された分析モデルを構築する必要がある一方で、基本的なマッピング作業は不可欠であり、そのためには実際の活動を観察することによって得られる理論とそれに基づく分析フレームワークが求められる。言い換えれば、政策起業家および変革プロセスのスケールアップの戦略に関する今後の研究においては、詳細な事例研究からより洗練された分析モデルに至るまで、これまでに提唱されてきた様々な研究手法を活用することが可能である。

7　結　論

約三〇年にわたる政策起業家についての研究は、他の人々とは一線を画す独特の存在であることの政治的アクターに対する理解や、彼らがどのように政策イノベーションを実現するのかについての理解を大きく前進させた。そしてそれらの研究は、将来の有益な研究の基礎を築いたといえるだろう。本章では、政策起業家のアイデンティティや、働きかけを行う環境、用いる戦略とその影響力に関する将来の研究の方向性について考えてきた。将来の研究においては様々な手法を活用することができる。本書でも、事例研究や比較分析、時系列の定量的分析、イベントヒストリー研究、調査票を用いた研究、ネットワーク分析などの多様な手法の研究を参照してきた。

理論を構築するための「好奇心を満たす（curiosity-driven）」ための学術的研究も、政治の世界を理解する上では役に立つ。しかし、現在の世界において国や自治体が直面している数多くの課題を考えれば、政策起業を実践的な観点から探求していくことも同様に求められている。そのような研究が進展していくことによって、地域あるいは世界を舞台に、経済的、社会的、そして環境的なアウトカムを促進しようとする人々に対して、活動の効果や影響力を高めるためのヒントを提供することができる。

第6章　不確実性の高い世界における公共政策の推進

一九八〇年代以降の政治学・公共政策学の研究者の緩やかな連携による研究によって、政策起業家の人物像や行動、そしてその影響力が徐々に解明されてきた。政策起業家に関する研究は、世界の様々な政策決定プロセスの調査において行われるようになっている。それらの研究のおかげで、他とは一線を画す政策起業家という政治的アクターについての理解は大きく前進した。

第1章では、政策起業家の政治的な働きかけの実例を紹介するとともに、政策起業家の特性について考察した。そして、第2章では、目的の政策を実現するために彼らが共通して用いる戦略や手法についての考察を加えた。第3章では、政策決定プロセスに関する様々な理論と政策起業家の概念の関係性を検討した。「行為主体の働きかけ（agency）」と「社会構造（structure）」というテーマについては、それぞれの環境における政策起業家の活動やその効果を、どのように評価するのかを考察することによって、さらに深く探究してきた。「政策起業家とは、どのような人物なのか」「彼らは何をするのか」、そして「それによって、どのような効果が生まれるのか」という疑問を踏まえた考察は、ダイナミックチェンジを牽引する「政策起業家」というアクターについての研究の方向性を指し示してくれる。

本章では、一つの疑問を投げかけたい。将来の政策起業家像とは、どのようなものだろうか。古代ギリシアの哲学者ヘラクレイトスは、「この世の中で唯一普遍的なのは変化である」と語ったとされている。実に理にかなっており、現在の世界が大きく変化し続けているのも当然のことのように思える。しかし、変化がどのように起きているのかという点では、おそらくヘラクレイトスの時代とは大きく異なる。現代社会の不都合な真実は、環境や社会、政治、経済の動向を歴史上もっとも正確に把握しているのにもかかわらず、大部分の人々に受け入れられるような明るい未来を作り出すために必要な事がほとんどわかっていないことだ。政策起業家は、その答えを見つける救世主となるのだろうか。この疑問に答えるために、本章では、政策起業家が「どのように新たな政策議論を提示するのか」「どのようにアドボカシーグループとの関係を構築するのか」「成功事例をどのように周囲の人々に示すのか」、そして「ダイナミックチェンジにどのような作用をもたらすのか」について一歩踏み込んで検証を進めたい。本章の目的は、「この不確実性の高い世界において政策起業家が、どのように公共政策の変化を促進するのか」という新たな議論を提起することだ。

1　政策議論の促進

「何をすべきなのか」という問いが、政策の構築および変革の議論を促進する。ビジネスの市場における起業家の活動を分析したカーズナー（Kirzner 1973：1997）は、「注意深さ」と「気づき」の重要性を強調している。起業家は市場での活動を通じて、「消費者が必要としているが、まだ世の中に存在しないもの」を見つけ出す。その発見がイノベーションへとつながり、大きな利益を生むかもしれない。キャソン（Casson 1982）は、起業家が情報量において他の人よりも圧倒的なアドバンテージを持っていると強調している。このようなアドバンテージを持つことができる理由は、「個人の才覚」だけではなく、起業家の「社会的立場」もその一因となっている。強い権限を持つ起業家は、自身の価値観に基づき決断を下すことができる。そして豊富な情報の源泉となっているのは、起業家が持っている社会ネットワークだ。多様な社会ネットワークを通じて、ビジネスチャンスのヒントとなる情報が起業家へと流れ込む（Casson & Giusta 2007）。

また、カーズナーやキャソンの主張は、起業家が「市場」、中でも特に「消費者」と密接に関わり合いを持つことによって、貴重な洞察や情報を得ていることを私たちに思い出させてくれる。この主張から類推すると、政策起業家も同様に、コミュニティと密接な関わり合いを持つことによって、政策に対する貴重な洞察や情報を得ているのかもしれない。キングダン（Kingdon）は「政策の源泉スープ（policy primeval soup）」という表現を使い、古いアイディアや新しいアイディア、あるいは古い政策課題や新しい政策課題がスープの中で互いにぶつかり合うことによって、それらが融合した斬新な政策が生まれることがあると主張している。カーズナーやキャソンの概念を借りれば、その議論をさらに前進させることができる。すなわち、「政策起業家は他者の意見に耳を傾け、他者と協働することによって重要な洞察を得ている」と考えられる。それら他者の声によって、解決すべき課題が浮き彫りになるかもしれないし、あるいは解決策を導き出せるかもしれない。政策起業家の優れている点の一つは、それらの声から問題の本質を見抜いて、実現可能であり、かつ政治的に受け入れ可能な解決策を見つけ出す能力を持っていることだ。しかし、言葉で言うのは簡単だが、新たな課題および解決策を政策に盛り込むのは容易ではなく、議論を重ねる必要がある。

政策議論を促進し、議論の道筋を示す能力を持つ政策起業家は、重要な役割を果たす社会的および政治的エージェントであるといえる。彼らは有能なファシリテーターであり、他者と課題を共有し、共に協働環境を築くことによって、実現可能な解決策を導き出す。将来的には多くの自治体が、住民の懸念や知識を上手に引き出しながら議論を活性化して解決策を導き出すことができるアクターの存在が必要と考えるようになるだろう。導き出された解決策は、必ずしも目新しいものばかりではないかもしれない。すでにどこか別の自治体で政策に取り入れられているかもしれない。問題のフレーミングによって視点を変え、アイディアを再構築して実現可能な解決策を提示することによって、斬新な政策が生まれる。議論を活性化できたとしても、それは第一歩を踏み出したに過ぎない。しかし、それは極めて重要な一歩であり、政策起業家ができる大きな貢献の一つである。

2　アドボカシーグループの構築

政策起業はチームプレイによって促進されていく。政策イノベーションにおいては、特定のエネルギッシュで傑出した能力を持つ個人が注目されることが多いかもしれないが、政策起業家は自分一人では何も成し遂げられないことを理解している。政策に精通し、高い創造力を持っているとしても、他者との協働への意識は不可欠である。政策起業家はチームで活動するケースが多く、彼らが目指している政策イノベーションを応援するグループとの連携を模索するのが通例だからだ（Mintrom & Vergari 1996）。アドボカシーグループを一から作り出す必要はない。既に存在するグループからの支持を取り付け、互いに面識のない複数のグループ間を橋渡しするのが効果的な手法だ。人々が何を望んでいるのかに耳を傾け、丁寧に議論を重ねることによって、政策起業家は共通の関心事を特定して、複数のグループの人々を一つに結束させることができる。

他者と効果的に協働し、アドボカシーグループと連携することができる政策起業家の能力は、極めて大きな波及効果を持つ。他のグループとのつながりを持たず、関心を寄せる課題を解決するための政策を実現できずにいるグループは、政策起業家の働きかけによって政治的な力を身に付けることができる。さらには、他者の目標達成を支援することによって、政策起業家は目標にアプローチできること、そしてそれは達成可能であるというエビデンスを人々に提示することができる。これは極めて重要であり、特に政策に変化がほとんど起きておらず、増分主義的な変化を求めるしかない環境においてはなおさらである。政策起業家は、人々に政策実現の意義を訴えかけて、それが実現した未来の姿を示すことができる。それによって人々は活動の意義を再確認し、忍耐強く活動を続けることができる。これらを行う政策起業家の存在なしには、気力を失い、現状維持を受け入れるしかないと考える人が一定数現れる。

3 成功例の明示

政策イノベーションが成功すると、多くの人々が、その功労者として名乗り出る。壊滅状態だった第二次世界大戦後のヨーロッパ諸国の復興を支援した一九四八年の対外援助法について聞かれたアメリカ大統領のハリー・トルーマンは、「誰が称賛されるのかは別にして、成果は素晴らしいものだった」と話した（Truman 1948）。対外援助法は、第二次世界大戦で陸軍参謀総長を務め、トルーマン政権の国務長官を務めたジョージ・マーシャルの名を冠して「マーシャル・プラン」とも呼ばれる。しかし、誰の功績であるにせよ、優れた公共政策によって社会は恩恵を受ける。最も大きな恩恵を受けたのは、その政策によって直接もたらされる恩恵を受けた人々だ。マーシャル・プランに関していえば、ヨーロッパの多くの市民がそれにあたる。そして、目立たないかもしれないが、重要な恩恵は、成功した政策に関する情報、特に政策の実現・実施に関する知識が世界中に拡散したことだ。マーシャル・プランは、第一次世界大戦の終結を公の場で約束したベルサイユ条約においてドイツに課された賠償金とは対照的な存在といえる。マーシャル・プランは、その後の国際的な復興支援の枠組みの基礎となった。例えば、ボスニア、クロアチア、イラク、クウェート、ベトナムなどへの支援が該当する。

政策起業家から成功談を聞くことで、政策イノベーションを実現するまでのプロセスや彼らが目指していた目標、政治的背景、支持を拡大する活動における苦労などに関する理解を深めることができる。成功談が語られる意図は様々である。その一つは、自身が手掛けた政策は、他の場所でも取り入れる価値があると自負する政策起業家が語る成功談としてである。この種の成功談は有用である。それがエビデンスとなり、他の場所でも政策の変化が起きる可能性がある。さらには、それが未来の政策起業家に対するアドバイスとなるかもしれない。また、政策議論に実用的で戦略的な助言を提供できるという観点では、そのような政策起業家は政策ネットワークにおいて重要な機能を果たしていると考えられる。

4　ダイナミックチェンジの牽引

二〇一〇年にレモフ（Lemov）によって *Teach like a Champion* が出版された。アメリカ国内の教師の約四分の一がこの本を読んだか、あるいはそこに書かれたテクニックを学んだと推定されている。この本はアメリカだけにとどまらず、ブラジルやインド、中国など多くの国で出版されている。また第二版の出版も決まっているという。レモフは、貧困層の子供が多く通う公立学校の教師たちが、どのように子供たちを指導し、貧困層の子供の比率が低い他域の公立学校よりも高い点数を取らせることができたのかを理解するために、かなり長い時間を費やして調査した後にこの本を書いた（Lemov 2010）。チャーター・スクールの運営団体の一つである「アンコモン・スクールズ（Uncommon Schools）」でリーダーシップチームに参加したことがあったレモフは、それらの教師がどのようにして効果的な教育を実践できたのかを理解したいと考えた。アンコモン・スクールズはマサチューセッツ州に一つ目のチャーター・スクールを開設した後、他の多くの州にも系列校を次々に開校している。民間組織が運営する公立学校であるチャーター・スクールが存続するためには、地域の公立学校にはない魅力を発信し、入学する生徒を確保しなければならない。これは、まさにダイナミックチェンジの典型例といえる。レモフ自身もその変化の創出に一役買っているが、彼が政策起業家だとは筆者は考えていない。一九八九年、ミネソタ州は公立学校の選択肢を広げる法律改正に着手したアメリカで初の州となった。この時はまだかなり多くの制約があったが、大きな政策イノベーションと言ってよいだろう。その後、ミネソタ州は一九九二年にアメリカ初のチャーター・スクールを開設した。ミネソタ州に続き、他の多くの州もチャーター・スクール法を採択したが、学校数の上限や運営形態の制限には州によって大きな差があった。ミネソタ州の法改正やチャーター・スクール開設に政策起業家がどのように関与したのかについては、数多くの研究が報告されている（Kolderie 2008 : Nathan 1997 : Roberts & King 1996）。また、ミネソタ州の成功事例に触発された他の州の政策起業家の活動についても多くの研究がなされている（Mintrom 2000 : Vergari 2002）。

一つの州で実現した政策イノベーションが、必ずしも他の州へと広がるわけではない。これまでの研究によって、ダイナミックチェンジを促進、あるいは阻害する可能性のある因子が報告されている（Shipan & Volden 2012）。しかしながら、実際にどうすればダイナミックチェンジを起こすことができるのかという疑問は極めて興味深い。学校選択およびチャーター・スクールに関連する法改正は、短期間のうちにアメリカ全土へと広がり、その流れは他の国にも波及した。レモフも述べているように、それらの新たな学校の出現は、さらなるダイナミックチェンジの呼び水となるかもしれない。数多くの不確実な問題に直面し、有効な政策が待たれる課題が山積するこの世界においては、政策起業家が新たな価値を創出するチャンスが至る所にある。そのプロセスにおいては、政策起業家が大規模なダイナミックチェンジを起こす可能性もある。

5　結　論

本書の主眼は、政策決定プロセスにおいて独特の役割を果たす政策起業家について考察することだ。政策起業家はダイナミックチェンジの触媒として、そして牽引役として作用するという観点で、他とは一線を画す政治的アクターである。国連の持続可能な開発目標（SDGs）を達成しようと奮闘する世界の国や自治体にとって、あるいは、自然災害の原因となっている気候変動を抑制するために、交渉を続ける外交官や様々な政府のリーダーにとって、「より良い社会の実現に向けた変革をどのように牽引して達成していくのか」についての実用的な知識の必要性が増している。今後は、公共政策の決定の仕組みや関連組織の構造を大きく転換していくことが求められるようになるだろう。現代の世界は、これまで以上に政策起業家を必要としている。政策起業家の行動やそのモチベーションとなっているもの、そしてそれらの行動の成否を分ける環境因子を理解することは、刻々と変わりゆくこの世界の状況を捉える一助となるだろう。

本書を読み終えた皆様が、政策起業家およびダイナミックチェンジを牽引する彼らの役割についての認識を高めてくれたなら幸いである。そして、その中の何人かでも、自分自身が政策起業家となり、より良い世界の実現のために他者と協力して活動したいと考えてくれることを願ってやまない。大きな目標の実現を目指して立ち上がった人が持つ信念や熱意は周りの人々にも必ず伝わり、それらの人々に協力したいという意識が芽生える。その結果として生じる社会的プロセスは強い力を生む。そのような社会では、それまで実現不可能と思い込んでいた数多くの変革を達成できる。

補論　なぜ政策起業家は重要なのか

――NPO法人SETの事例を中心に

1　日本における政策起業家をめぐる動向

日本においては「政策起業家」を題に冠した論文は見当たらず、鈴木（二〇〇七）、船橋（二〇一九）、馬田（二〇二一）が、シンクタンク等に関する文脈から紹介している程度である。そこから日本における政策起業を部分的に読み取ることができる。訳者らが知る限りでは、鈴木（二〇〇七）が日本語で「政策起業家」に言及した嚆矢である。

鈴木（二〇〇七）によると、民間非営利独立型のシンクタンクが非営利セクターと民間セクターの「頭脳」の役割を果たし、その頭脳が出した成果をＮＰＯ等が活動に活かして実践的な活動を促進させる。そしてその活動の成果を、今度はシンクタンクが研究に活用する。このように、シンクタンクと非営利・民間セクターが相互に補完し合い、公共経営の一翼を担う。日本では非営利・民間セクターに「頭脳がない」ことが問題であると指摘されている。また、アジアの国家間比較からは、「知的で政策的に優れた起業家（policy entrepreneurs)」の不在が挙げられている。

船橋（二〇一九）も同様に、日本のシンクタンクの脆弱性を指摘した上で政策起業力に言及し、「政策起業力」を「公共政策のあり方を的確な情報とデータに基づいて検証、分析し、新しいアイディアと政策を探求し、それを実現するため、多種多様な利害関心層を巻き込みながら社会と世界に及ぼす影響力である」と定義している。

馬田（二〇二一）では、新しい技術を社会に普及させることが求められている今の日本に必要なのは、テクノロジーのイノベーションではなく、社会の変え方のイノベーションではないかと課題を提起している。背景には、ビジネスの三つの変化、すなわち規制や政治への関わりの増加、社会的インパクトの重視傾向、そして社会調和的な社会実装への要求があり、それらを踏まえた上で「ソーシャルセクターの手法を民間に逆輸入する」重要性を説いている。ソーシャルセクターは、社会課題の解決や社会的インパクトを達成するために試行錯誤してきた過去があり、特に規制や政治を動かすノウハウの蓄積があることを根拠に挙げている。

ソーシャルセクターは、公的サービスでは手が回らずに漏れ落ちてしまっている課題に対して、小規模にモデルを作って解決を試みる傾向がある。社会的インパクトをより広げていく時に、そのモデルの成功を国や自治体に訴えかけて政策化していくこと、行政に政策として取り入れてもらうことを必要とした。その過程で「政策起業力」が培われてきている。そのことから、馬田（二〇二二）は、ゼロを一にすることが社会起業、一から一〇への規模拡大の際に必要とされる力が「政策起業力」と位置づけている。

日本の歴史に照らせば、福澤諭吉や賀川豊彦などの社会的事業を実践した偉人も政策起業家として捉えられ得るだろう（アジア・パシフィック・イニシアティブ二〇一九a：二〇一九b：三久 二〇二〇）。福澤の大きな功績としては、地方議会の開設の提言、為替相場の安定化と横浜正金銀行の設立などが挙げられる。特に為替相場の安定化については当時の貿易で洋銀が通貨として使用されていたが、為替取引専門の銀行を当時の大蔵卿であった大隈重信に提言したことが横浜正金銀行の設立へとつながったとされる。設立後、福澤の門下生であった二名が頭取、副頭取に就任したことも、政策起業家の要件に合致するといえる。

協同組合の各種法律の制定や実際の組織運営、国民健康保険制度成立や世界連邦日本国会委員会など、日本で最初の超党派議員連盟の設立などに関して活動した賀川豊彦も政策起業家と捉えることができる。賀川は若い頃に日本のスラムで施しなどの「救貧」活動を行っていたが、アメリカへの留学を通して、貧しい人を作らない社会という「防貧」へと考えを発展させていった。その上で、助け合いの組織が必要であると考え、協同組合に関する法律制定や各種団体の設立・運営を行うに至る。関東大震災が発生した時には、直ち根づかせた人物とされている）。

に現地に駆け、「ボランティア」活動を行った（この活動から日本に「ボランティア」という言葉を根づかせた人物とされている）。

賀川は行政と交渉して震災救援のための打ち合わせ会を発足させた。また一九二四年四月には、内閣の設置した審議機関「帝国経済会議」の社会委員に任命された。不良住宅地区改良法案が国会を通過したのも、賀川の提案によるものであった。常に提言と組織づくり、それを通した事業活動の両輪で活動を進めていた。両名とも**「問題のフレーミング」「チームビルディング」**に非常に長けており、賀川に関しては特に**「実現可能性の明示」**については事業活動を行うことで実現してきたといえる。

現代のソーシャルセクターに目を向けてみたい。二〇一九年九月、「政策起業力シンポジウム２０１９」が一般財団法人アジア・パシフィック・イニシアティブと東京大学公共政策大学院の共催で開催され、同年一一月に「ＰＥＰ（Policy Entrepreneur's Platform）」が設立され、日本の中でも認知が拡がりつつある。翌年オンラインで開催された「政策起業力シンポジウム２０２０」には八〇〇名近くが参加した。

そこに登壇した認定ＮＰＯ法人フローレンス代表理事の駒崎弘樹氏は、「ＮＰＯ法人を通して、困窮している親子をサポートする社会事業提供をしてきたが、現場の力があっても、既存の法律・条例を改正しなければ助けられない人々がいる。現場で活動しているだけでは本質的に解決できない問題があるという気づきから、その政策を変えることによって社会課題の解決を図るアプローチを選択した」と言う。

同じく登壇者の一般社団法人ＲＣＦ代表理事の藤沢烈氏は、「既存の復興政策は歴史的に建物、住宅、工場といった直接的な被害を補償してきたが、実際に人々が住んでいた生活圏・コミュニティの復興は見落とされてきた。コミュニティ支援政策の必要性を、データ収集・エビデンスを基に県や自治体へ打診し、現在では復興庁もコミュニティ再建を大きく意識するようになった」とし、ＮＰＯ活動から制度化・政策化していくことの重要性について語っている。

その後、ＰＥＰは政策起業家勉強会である「ＰＥＰゼミ」を開始している。「ＰＥＰゼミ」は政策起業に関するノウハウの可視化、蓄積を行うことを目的に開催されている。そこに政策起業家として登壇した三名について取り上げてみたい。

一人目は、子ども・子育て支援法に「小規模認可保育」を追加する事に尽力した認定ＮＰＯ法人フローレンス代表理事の駒崎弘樹氏である。貧困など様々な問題を抱えている子育て中の家庭に、周囲に知られない形で、継続的に食品及び生活用品を提供するサービス事業として、認定ＮＰＯ法人フローレンスが東京都文京区とともに「こども宅食」を展開した（駒崎 二〇二〇）。これが「実現可能性の明示」として機能して一つのモデルとなり、宮崎県三股町をはじめ、全国に広がっていった。

拡大期には「一般社団法人こども宅食応援団」を立ち上げて、プラットフォームづくりや、団体間でのノウハウ共有、宅食の食料確保、ＬＩＮＥの配送アプリの共同利用などを提供した。これによりクオリティの高いこども宅食事業を全国に広げていくことに成功したといえる。また、「変革プロセスのスケールアップ」に合致する取り組みである「こども宅食サミット」を開催することによって、全国の関連団体や自治体関係者、現役官僚や政治家が集い議論する場を設けるとともに、事業の拡大の必要性、社会的インパクトを示し、制度化の重要性を訴える機会を確保している。

新型コロナウイルス感染症が全国で猛威を振るう中、経済状況や生活環境が厳しくなる家庭が増えている。一方で、緊急事態宣言などにより家庭への訪問が難しい状況となっている。これらの現場での課題の解決をする政策の一つとして、二〇二〇年度の二次補正予算で「支援対象児童等見守り強化事業」が予算化された。また同時期に、かねてより交流のあった議員らが、この事業への支援を目的として「こども宅食推進議員連盟」を発足させた。これにより今後、「**アドボカシーグループとの協働**」がますます推進しやすくなると想定される。予算化されて以降は、実際に行う自治体に対して勉強会の開催やノウハウの提供を行っている。

二人目は藤沢烈氏である。藤沢氏は、東日本大震災を機に内閣官房震災ボランティア連携室勤務を経て、ＲＣＦ復興支援チーム（現・一般社団法人ＲＣＦ（以下、ＲＣＦ））を設立し、被災自治体や住民、地元企業やＮＰＯなどと連携しながら被災地の復興支援事業を進めてきた。主な政策起業の一つ目が、被災地での「コミュニティ支援」である。震災直後、壊滅的な被害を受けたハード面の復旧に主眼が置かれたが、高齢者が多く、伝統的地域コミュニティが多く残る地域ではハード面以外からの着想が必要であった。

ＲＣＦは、住民と近い距離でコミュニティ支援を行うコーディネーターグループの結成を岩手県釜石市に提案し、実施された。「この事業の成功モデルは、その後釜石市を超えて、岩手県の他自治体・東北全体の様々な自治体に横展開され、更には政府の復興政策の柱としてコミュニティ支援が重要視される一つのきっかけ」となった（アジア・パシフィック・イニシアティブ二〇一九c）。コミュニティ支援の重要性を訴えかけるためには「**問題のフレーミング**」が不可欠であり、さらに釜石市での成功は「**模範を示してリードする**」こととなった。その後、復興政策の柱になったことは「ネットワークの活用と拡大」を行い、「変革プロセスのスケールアップ」へとつなげていったことが要因だと考えられる。

この経験を活かして、経済産業省と福島県沿岸部一二市町村での産業振興を行っている。政策起業の二つ目が、「ＷＯＲＫ　ＦＯＲ　東北」である。コミュニティ支援のニーズがある一方、専門家が圧倒的に不足している状況があった。そこでＲＣＦは、日本財団と連携し復興庁に協業を働きかけ、東北への人材支援プログラムを開始した。この取り組みにより、三年間で一六六名の人材が東北各所の事業者へ派遣された。この経験は、その後の災害対応に活かされ、二〇一八年の西日本豪雨災害や二〇一九年の台風一五号、一九号災害で大きな被害を受けた愛媛県宇和島市やその他の被災地に人材を派遣した（藤沢 二〇二〇）。

三人目は、日本で初めての学校教育法第一条に基づく全寮制国際高校、ユナイテッド・ワールド・カレッジＩＳＡＫジャパン（UWC ISAK Japan（以下、ＩＳＡＫジャパン））を作った代表理事の小林りん氏である。小林氏は、ＩＳＡＫジャパンを二〇一四年に長野県軽井沢町に開校させた。私立のインターナショナルスクールでありながら、学校教育法第一条に基づく正式な日本の高等学校でもあり、世界中の大学に進学できる国際バカロレア認定校の資格も有する。高校を開校する過程でいくつもの制度の壁を乗り越えてきたことから、学校の開校自体が教育に関する大きな政策起業であったといえる。

一つ目に、生徒に単位を授与するためには、原則として日本の教員免許を持っていなければならない。しかし、インターナショナルスクールであるISAKジャパンでは教師を世界中から集める必要があった。そこで「特別教員免許制度」を活用することを長野県庁に提案するが、一九八九年の制度開始から三〇年以上の歴史の中で長野県では過去に二名しか適用されていない厳しいものであった。県内のメディアに学校の趣旨を特集してもらうなど地元賛同者を増やす地道な努力を重ねながら、要件を証明する膨大な書類を準備することで、教育委員会の審議に漕ぎつけることに成功した。結果として、これまでに三〇名以上が制度適用となっている。

また、多様なバックグラウンドを持った生徒を集めるために奨学金を出すこととしていたが、そのための資金として毎年五億円を必要としていた。そこで、ふるさと納税を財源にできないかと軽井沢町役場を訪ねるが、当初、「ふるさと納税は税金のため公共事業にしか使用することはできない」と言われたという。

小林氏は、全国のふるさと納税の事例を徹底的に調査し、熊本県で県立高校を対象としている事例を発見した。再度、町役場と交渉に臨み、合意を取り付けたが、この過程で町の条例の改正が必須となった。町議一人ひとりに丁寧に説明に回り、納得を得ることで条例改正も全会一致で可決された。現在では、年間四億円近くの寄付が寄せられ、ISAKジャパンの生徒のための奨学会の大きな原資となっている。小林氏の最大の強みは「**チームビルディング**」であった。弁護士などの専門性の高いボランティアが大勢いたことも非常に重要であったが、何より制度に反対している人すらも仲間と捉えて巻き込んでいくことが、小林氏の政策起業の重要な要素であった。

これらの事例の中には、ダイナミックチェンジである国家レベルでの政策変更や制度適用への試みが含まれている。さらには、自治体レベルでの取り組みや条例の改正にも影響を与えている。重要な点として、これら三名に共通することとしては、非営利セクター（以下、NPO）から政策に影響を与えているということだ。本書では、政策サイドにいる人物あるいは民間営利企業の有力者が取り上げられているが、NPOからの展開にも目を向けたいというのが訳者らの思いである。

歴史的に、日本の様々な困難や新たな社会づくりにおいて、偉人と呼ばれる人々が政策を作り、社会実装と実践までを担ってきたといえる。現代では、NPOの役割が大きくなっており、NPOの働きかけから政策へとつながる事例も見られるようになってきた。特に、地方分権化が進む中、それぞれの地域で活躍する政策起業家についてもスポットライトを当てていくべきであると考えている。東北では、東日本大震災をきっかけに、地域の活性化や持続可能な社会づくりに向けて活躍する政策起業家も生まれてきている。そこで、次に震災復興から生まれた政策起業家の事例を取り上げる。また、本書の政策起業家の要件も照らし、その取り組みと経緯を見ていくことにする。

2　東日本大震災と政策起業——NPO法人SETの取り組みを事例に

補論筆者の三井俊介（以下、筆者）は、二〇一一年の東日本大震災の発災直後に陸前高田市に赴き、NPOを立ち上げ、約一〇年の間に行政との連携を進めたり、自身が市議会議員になったりもしている。その経緯や活動を、本書で取り上げられた七つの戦略要件に照らし合わせて分析した。本節は、時系列に沿ってこの分析結果を整理したものである。

（1）NPO法人SETと政策起業

①　東日本大震災被災地での復興支援から政策起業へ

筆者は東日本大震災をきっかけに、二〇一一年三月一三日に復興支援団体SET（二〇一三年に特定非営利活動法人化〔以下、SET〕）を知人とともに設立し、岩手県陸前高田市広田町を対象に活動を開始した。二〇一五年に地域住民の応援を受けて陸前高田市議会議員に立候補し、当選。二〇一七年に陸前高田市の移住定住の総合窓口を担うNPO法人高田暮舎の設立に尽力した。

議員時代に、政策形成とその政策実行の間にはギャップが存在し、両方に関与していくことで思い描いた成果を出せることを痛感し、「政策起業」について興味を持ち始める。その後、二〇二〇年からは大学院に進学しつつ、教鞭も執るようになった。「NPO×政治×アカデミア」のキャリアを選択したのは、このような経緯からである。詳細は後述する。

②　政策起業の土台となるSETの活動実績

SETの活動拠点である広田町は、人口約一万九〇〇〇人の陸前高田市の中でも中心市街地から車で三〇分離れた人口約三〇〇〇人の町である。「Mission」を「一人一人の『やりたい』を『できた』に変え、日本の未来に『Good』な『Change』が起こっている社会を創る」、「Vision」を「人口が減るからこそ豊かになる人づくり、町づくり、社会づくりを行う」と定義している。

主な活動は、地元住民と外部の若者の交流を通じた「ひとづくり」と、「まちづくり」の取り組みである。年間二〇〇〇名以上の若者を広田町に継続的に誘致し続けた結果、月に一度以上、広田町で活動をする若者が八〇名弱いるまでになった。そのメンバーたちが複数のチームで活動をしているため、毎週末に必ずメンバーが東京から広田町に訪れ、地域住民との交流や中高生とのワークショップを行ってきた（二〇二〇年三月～二〇二一年十月現在においては、コロナ禍のため休止中）。

また現地に移住して活動する若者が三〇名以上いる。つまり、交流人口から、活動人口、移住者へとつながる全国的に類を見ないモデルを創り出したのである。この取り組みは高い評価を受け、全国的な賞も複数受賞するに至った。また、約三〇〇〇人の町で八〇〇人以上の住民がSETの活動に参加し、まちづくりを進めてきた。このような主要な事業以外にも、地元住民主催の古民家美術館やカフェ開業など、大小含め年間で約一五〇の様々な取り組みをこれまでに行ってきた。現在は事業領域を拡大し、岩手県岩手町、岩手県葛巻町でも事業を展開している。次項では、政策起業の事例として陸前高田市、岩手町、葛巻町での活動展開について、初期の活動フェーズから時間を追って記述していきたいと思う。

(2) 復興支援団体の設立からダイナミックチェンジの実現へ——一〇年間の取り組み

① ボランティア時代(二〇一一年三月〜二〇一三年六月)

筆者が大学三年生の時に、東日本大震災が発生した。当時、東京に住んでいたが、二日後に知人六名とともに任意団体として「復興支援団体SET」を設立し、活動を開始した。知人の縁をきっかけに二〇一一年四月六日に陸前高田市に現地入りして、陸前高田市の防災本部長の紹介を受けて、ボランティア活動を開始した。

その後、大学に通いながら、月に一回、一泊二日でボランティア活動に訪れた。ボランティアセンターなどを通さずに地域住民と直接電話でやりとりをし、小さなニーズに対応していく中で、関係性が構築されていった。その後、二〇一二年三月に大学を卒業し、同年四月に移住した。一年間の試行錯誤を経て、本格的に復興支援からまちづくりへと活動をシフトしていく覚悟とともに、二〇一三年六月に任意団体をNPO法人化し、理事長に就任した。

② 主要事業の確立（二〇一三年七月～）

筆者自身は、学生の頃に民間のビジネススクールである社会起業大学で学んでいたこともあって、ソーシャルビジネスを通した復興を進めていくことを念頭に置いていた。そこで都内の大学生から参加費を徴収し、一週間現地で復興活動を行いながら、大学生が自ら学んでいくための現地滞在型のスタディプログラム（Change Maker Study Program）を開始した。このプログラムは交流人口・関係人口・活動人口を創出する事業と後に言われるようになったが、当時はそれほど概念が確立しておらず、各方面からの理解、協力を得るのが難しかった。一方で、この時期に地域住民の協力を得られることが増え、少しずつだが地域住民から価値を認められつつあると、感じられるようにもなってきた。この事業は二〇一六年四月から黒字化し、人口三〇〇〇人の広田町に、年間で約三〇〇名近くの大学生が活動のために訪問するようになり、ＳＥＴの主要事業へと成長していった。

③ 行政との協業案件形成（二〇一四年一〇月～）

また、前項で取り上げた事業とは別途、新規事業の開発に着手した。この時期に、陸前高田市では、県外の修学旅行の誘致を行い、民泊を通して陸前高田の本物の暮らしを体験し、地域住民からそれぞれの被災経験を聞かせてもらうことで、「命」について学ぶ事業の開始を目指していた。一方その動きとは別に、SET独自でも同様な事業を検討していたことから、協業案件へと発展していった。

長谷川（二〇一八：五〇-五二）は、「二〇一四年一〇月の陸前高田市で竹田氏（株式会社アンドネイチャー）が三井俊介氏と出会って意気投合し、その場で『広田町でやりましょう』となったという。その二カ月後の二〇一四年一二月に、広田町のキーパーソンを集めての民泊説明会を開催し、市役所担当者とまるごとりくぜんたかだ協議会のスタッフも参加した。二〇一五年三月に広田町の村上榮二氏を会長として、陸前高田市広田町生活体験推進協議会が設立された。陸前高田での民泊事業については、まるごとりくぜんたかだ協議会を民泊事業の窓口として一本化し、陸前高田全域での民泊修学旅行の受け入れを進めることになった」と、その経緯を紹介している。

この事業によって、陸前高田市は二〇一九年には、年間約四〇〇〇名の受け入れを実現し、東北地方で最大規模の受け入れ地域となった。この事業を通して、行政との協業、考え方や思考回路についての体験を得たことは、後の政策起業の土台の一部になった。

④　陸前高田市議会議員として政治に「新しい風」を！（二〇一五年九月〜二〇一九年九月）

二〇一五年一月、ＳＥＴで大変お世話になっている地元住民で元市職員である佐々木幸悦氏より、市議会議員選挙への立候補の打診を受ける。議員に元から興味があったわけではなかったが、まちづくりの方法はＮＰＯだけではなく、また、若者は政治離れしているので、若者で政治の力をうまく活用できれば、まちづくりをより推進していくことができるのではないかと考えた。また住民の皆さんからの大きな期待を受けていたこともあり立候補したところ、当選することができた。「外からの風（外部者の活動や知恵）と中からの風（地域住民の活動や知恵）を合わせて、今までにない新しい風を吹かせます」と訴えたことも、当選の要因の一つではないかと思われる。選挙の結果はある意味では、交流を通したまちづくりを進めていくことに対して、市民の信託を受けたことでもある。

さらに、自身の行いたいまちづくりを選挙期間中の六日間、マイクを持って市全域で広報できたことも、その後の活動に有効であった。よそ者・若者であるにもかかわらず、市議会議員に当選できたことは、ＳＥＴの活動へのさらなる信頼の醸成につながった。

また、他に議員活動が始まってから大きな利点になったのは、本書第３章にて指摘されている「**ネットワーク内の中心的人物と密接な関係を構築することが重要**」という点である。

通常、一人の若者移住者の考えに行政の部課長級が対応することはまずない。しかし、市議会議員になったことで本会議や予算決算審議、一般質問などを通して、市役所の部課長だけでなく、市長・副市長にも自身の考え方を伝え、意見交換を行えたことは非常に重要な出来事であり、市役所の部課長級とのパイプづくりに大いに役立った。

その後、二〇一九年九月の任期満了に伴い議員は後継候補を擁立し、二六歳の若手が議員となった。現在は後継と連携しつつ、東北の若手議員を応援する地域政党「とうほく未来創生」の副代表を務めている。

⑤　移住定住施策の単年度予算が四年間で三五倍以上に！（二〇一五年九月〜）

ＳＥＴは交流人口・関係人口を増やすことで「この町に移住してまちづくりに貢献したい！」という若者を増やす取り組みを行っていた。しかし移住定住を増やしていくには、「市として移住定住しやすい環境整備」も必須であった。

そこで、議員として一般質問などを通して、自治体職員等に移住定住施策に関する重要性を認識してもらうよう働きかけていった。具体的には、「定住人口の取り組みについて」（二〇一五年九月）、「外部からの移住定住を促すこと」（二〇一五年一二月）、「移住起業の促進について」（二〇一六年三月）、「空き家バンクと地域おこし協力隊について」（二〇一六年六月）と一年間にわたって一般質問を行い、また一般質問以外でも担当者と打ち合わせを重ねる中で、本書第4章でも取り上げられている「問題のフレーミング」を行い、重要なアジェンダへと押し上げるための取り組みを行った。

強調したのは、移住定住施策は人口減少への対応策ではなく、人口が少なくなる社会に対応した社会づくりを行うために移住者を生み出すという点である。これは、人口減少自体が問題なのではなく、今までの人口増加を前提につくられてきた社会の構造や町の機能、人々の価値観が、人口減少社会へと移行していく社会状況に適合していない状況が顕在化しつつあるがゆえの提案であった。

そこで人が少なくなるからこそ、豊かに暮らせるような社会にしていく必要性があると考え、移住してくる人の数を増やすのではなく、良い移住者を育て、彼らが移住してくる流れを作っていくことを訴えた。移住定住施策形成においては、役所内の特定の課ではなく複数の課を横断しての話し合いの場などを形成した。またこの時期、「陸前高田市人口ビジョン及びまち・ひと・しごと総合戦略」が策定され、その中の七つの基本施策の内に「ふるさと『陸前高田』住みたいまち移住・定住支援プロジェクト」が位置づけられていた（もちろん議員としてチェック、提案も行った）。

これら議論を進めていく中で行政としても行いたいが、復興期でもあったため、移住定住に割くマンパワーがないという実情も見えてきた。

そこで、陸前高田市で移住・定住に関連する取り組みを行っている民間企業五社の役員と相談し、新たに「ＮＰＯ法人高田暮舎（以下、高田暮舎）」を共同で設立し、フェローに就任した。これにより陸前高田市への移住・定住のための取り組みを「点」ではなく、「面」的な取り組みにしようと考えた。また、行政からの委託が出た場合の受け皿になる組織が必ず必要になるという見通しがあった点も、設立理由の一つである。

その後、市役所の「移住定住総合支援業務」のプロポーザルが行われ、高田暮舎から申請書類を提出し、採択され、受託することとなった。「移住定住総合支援業務」の内容としては、「移住定住の総合窓口業務」「移住定住情報サイト『高田暮らし』の運用」「空き家バンクの運用」であったが、その他地域おこし協力隊の受け入れなども合わせると、移住定住関連予算は筆者が市議会議員を始める前の二〇一五年予算から二〇一九年までの間に単年度当たり三五倍以上となった。また移住相談は年間で七〇件以上となっており、移住者数は二〇一八年からの三年間で三八名である。

⑥ 地域おこし協力隊が活動しやすい環境づくりへ（二〇一八年一二月〜）

移住定住施策が重点的に進められるようになったことから、総務省事業である「地域おこし協力隊」の受入数も飛躍的に増加した。一方で全国的に言われるような、「行政の管理下に置かれるので民間の良さを発揮しきれていない」「卒業後の自立のサポートがないことで定着しづらい」などの問題が生じてきた。

そこで民泊修学旅行誘致事業の当時の行政担当者（応援職員として陸前高田市役所に勤務）であった島根県松江市役所職員と連携をとりながら、松江市で地域おこし協力隊の活動支援業務を行政から委託を受けて行っている株式会社地域おこしの視察を行った。視察には、高田暮舎の理事長、当時の移住定住の担当の行政職員と訳者の三名、その他同じ悩みを抱える岩手県岩手町職員、岩手県紫波町職員も同席しての視察となった。そこでの知見を活かし、二〇一九年より「地域おこし協力隊活動支援業務」が新たな政策として事業化され、高田暮舎が受託した。

事業を開始して一年半時点ではあるが、卒業後に起業する隊員が誕生している。これは本書第4章でも取り上げた**「実現可能性の明示」**を応用した戦略である。本書では政策起業家自身が「実際に実行して見せることによってその変革の実現可能性を示す」とあるが、これは、すでに実現している現場を行政担当者とともに見ることで、実現可能性を示した事例であるといえる。

⑦ 個人のネットワークを最大限に活用して新天地での政策起業に成功（二〇一八年一一月〜）

岩手町で新たに政策起業できたのは、**「チームビルディング」**（本書第2章参照）の第二の形態**「政策起業家は個人及びビジネスのネットワークを最大限に活用」**したのがきっかけであった。筆者が大学生時代に通っていた社会起業大学に、後に岩手町長となる佐々木光司氏がいた。社会起業大学のネットワークの中で佐々木氏と意見交換を行い、町長就任後の二〇一八年一一月、訳者は岩手町で講演・研修を行う機会を得た。その縁と、共に松江市に視察に訪れた職員とのつながりから岩手町での事業提案を行った。

その結果、今までSETで培ってきたノウハウを活かした「若手行政職員向け研修」、地元中高生向けの「若者人材育成事業」の政策が事業化した。この事例を本書の第3章で取り上げられている**「多元的流路アプローチ」**にある、「政策の窓」を基に考察を試みる。佐々木町長が選挙前の予想に反して、現職の町長に勝利したことで、町の中で新しい団体とのつながりの中で新しい事業を推進していきたいという**「政治の流れ」**と、高校魅力化などの全国的な動きを踏まえ中高生向けのキャリア教育に取り組むべきであるという**「問**

題の流れ」、そして、SETによる具体的な事業の提案による「政策の流れ」が合流し、政策が事業化したのだと考えられる。

⑧ アカデミアの道へ（二〇二〇年四月〜）

前述してきた訳者の経験から、NPOの事業活動で「現実を作り」、政治活動によって「事業化し拡げる」という形が可能なのだと理解できるようになってきた。一方で、「事業化し拡げる」ためには、NPOの事業活動の効果や再現可能性についてのエビデンスが必要であるということを痛感した。これは**「変革への支持を呼びかける活動の拡大（変革プロセスのスケールアップ）」**（第2章）でも触れられている点である。また、これまでの活動の中で教授や大学との協働をあまり行っていなかったことが、SETが十分に社会的信頼を得ているとは言えない状況を作り出す要因の一つになっていた可能性がある。実際に新卒でSETに就職を希望する若者がいても、親のNPOへの不理解も影響してか、反対や不安の声が大きく、なかなか応援を得られないケースも多々あった。

また、政策に影響を与えるアクターとして大学教授を考えると、行政が委任する各種計画の委員などに選ばれることが多い。大学教授との効果的な**ネットワークやチームビルディング**（第2章）は、政策起業を推進していく上で必須であると判断した。陸前高田市や岩

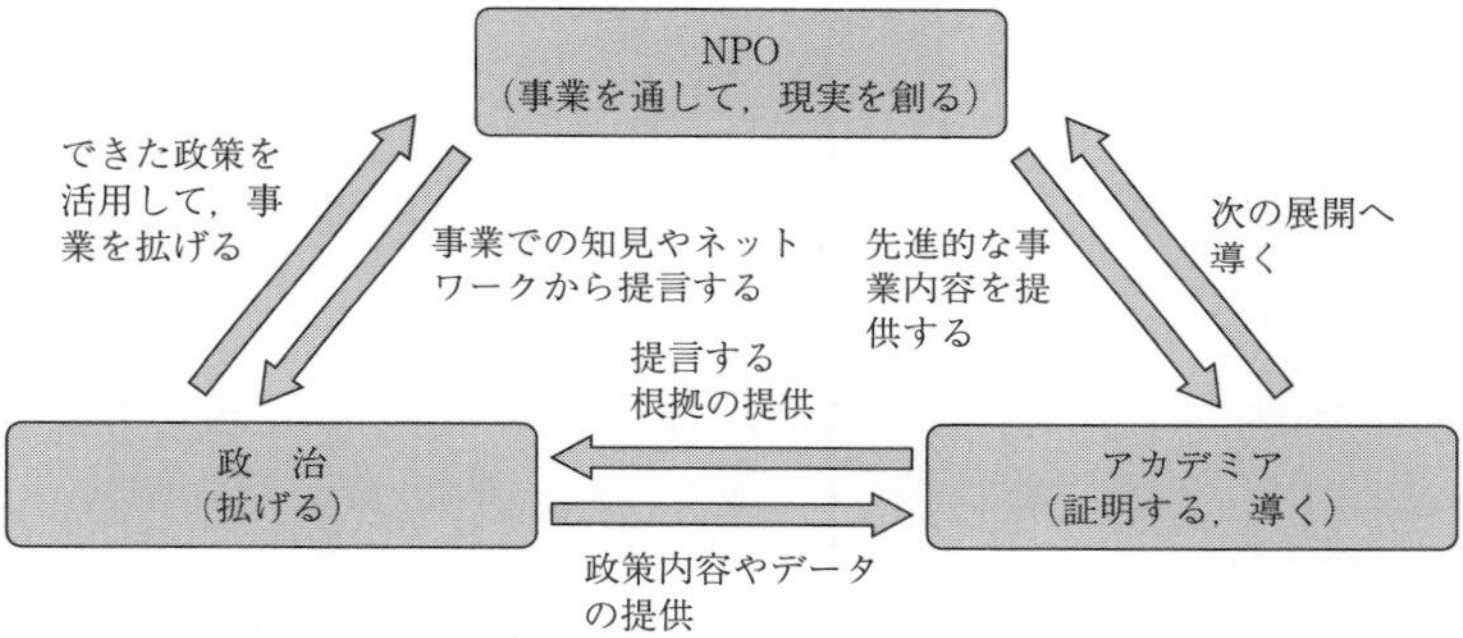

図　NPO×政治×アカデミア

出所：筆者作成。

手町のように職員との関係性を構築することで進む場合もあるが、より変革をスケールアップさせていく上でアカデミアの力は欠かせないと判断した。つまり、アカデミックな活動によって「論証する」ことが大切であり、この三つを組み合わせることで、より政策起業をしやすくなるのではないかと考え、二〇二〇年四月より宮城大学大学院へと進学した。

さらに第三者からの評価を積極的に取り入れるため、様々な賞に応募し、「復興庁主催『新しい東北復興創生懸賞』受賞」（二〇一八年）、「日本マニフェスト大賞『シティズンシップ推進賞』最優秀賞受賞」（二〇一八年）、「令和元年度『あしたのまち・くらしづくり活動賞』内閣総理大臣賞受賞」（二〇一九年）、「東北農政局『ディスカバー農山漁村の宝』ビジネス部門入賞（二〇二〇年）、「第一回『学生地域づくり交流大賞』最優秀賞受賞」（二〇二〇年）などを受賞した。これらも戦略的にこれまでの活動の評価を得て、他者への信頼を獲得するために行った。

⑨　東北NPO11団体との政策提言の実施（二〇二〇年六月〜）

図のように、アカデミアの力を強めつつ、これまで培ってきた政治の力を活かした取り組みのチャレンジを行った。それは、震災発生から一〇年を迎える前に現場で活動するNPOの声を政策形成に活かせないかと考え、東北地方で活動するNPO11団体とともに複数回意見交換を行い、またNPOを専門に研究している大学教授にも参画いただき、「東日本大震災から一〇年を迎える上での意見書――東北NPOの現場から」を作成した。構成団体は岩手・宮城・福島県に事務所を構える団体を配置し、「東北のNPO」の代表性を感じられるようにすることで影響力をもち得ると考えた。

意見書の主な内容は、①NPOが行ってきたことの評価と価値の可視化、②行政との協業スキーム構築の支援、③内陸部への活動展開の支援、④NPO活動を促進する法的整備、⑤次の一〇年に向かうためのセクターを越えた対話の場の設立、の五点である。この意見書は、衆参両議院の東日本大震災復興特別委員会の委員八一名にメールまたはFAXで送信した。結果としては、自民党議員（一名）、立憲民主党議員（二名）、日本維新の会（一名）

と意見交換の場をいただき、それらのつながりから、復興庁参事官との意見交換会の場や立憲民主党議員の方々の現地訪問などが実現した。

しかし、「アドボカシーグループとの協働」（第2章）を基に考察すると、既にある支持グループの影響力を強める活動をしたわけではなく、結果として所在地は三つの県それぞれにある団体で構成されたが、代表性・支持層の幅の広さを表現するまでには至らなかったため政策起業への効果は小さかった。一方で、東北地方の被災地で活動するＮＰＯの声を代表するような機関やグループがほぼ存在しないことも事実である。これらの取り組みを、次の展開にどうつなげられ得るのかを思考していきたい。

⑩　エビデンスを示して変革のスケールアップへ（二〇二〇年六月〜）

コロナ禍になってからのＳＥＴの事業は、単独かつ単一の場所で行うことが困難となった。それは都会の若者と地域の高齢者との交流がメインだったたからだ。そこで行政と連携して横展開を行い、一カ所に多くの若者を呼び込むのではなく、複数箇所に分散し、行政のバックアップの下で事業を行う必要性があった。ＳＥＴではこれまでの活動のエビデンスを揃えるため、過去の交流事業の価値の明確化を行った。大学教授と連携し、陸前高田市からの協力を得ながら、広田町全世帯へのアンケート調査とインタビュー、これまでに交流に参加した若者へのアンケート調査を実施した。結果としては交流をしている町民の方が、「幸福度」「ソーシャルキャピタルの向上への貢献」「町や社会への貢献意欲や貢献行動」が高いことが判明した。

また若者への調査においても、何度も通う関係人口の方が一度訪問した交流人口よりも、「田舎への移住」「田舎の問題の自分事化」「広田町の変化の実感」「自分の住む地域への貢献行動」に対して高いことがわかった。これらの調査結果から、交流は「社会的な価値がある」という証明ができ、それらをまとめＨＰ上で公表した。この調査結果を基に複数自治体に政策提案を行い、三自治体が「関係人口創出事業」に関しての概算要求を行うに至った。

結果としてはコロナ禍の収束のタイミングなども考慮し、見送る自治体もあったが、葛巻町においては政策化が実現した。これは「変革プロセスのスケールアップ」(第２章)といえる。陸前高田市広田町での取り組みを調査し、エビデンスとして示すことは効果的であった。

加えて、コロナ禍の前から岩手県庁とは複数回意見交換を行っていたのだが、二〇二一年度予算で「関係人口創出モデル事業」の委託が決定した。今後の関係人口に関する政策ンジへとつなげていきたいと考えている。

や岩手県での立ち位置を築く大きな機会を獲得した。これを活かして、ダイナミックチェンジへとつなげていきたいと考えている。

(3) 政策起業の可能性──NPO法人SETの取り組みから考える

東日本の被災地に多くの外部からの若者が移住し、復興支援活動から継続的なまちづくり活動を行おうと奮闘してきた。その中で、多くの経営者や中間支援組織は、「活動を持続可能にするためにビジネス化していくことが重要である」ということを繰り返し指導してきた。この背景にあるのは、日本の中で「社会起業」や「ソーシャルビジネス」が浸透してきたという社会状況の変容がある。

しかし、いくら工夫を凝らしたとしても、すべての社会課題をソーシャルビジネスで解決できるわけではなく、逆にすべてをビジネス化することで失うもの、持続可能に逆にならないものがある。また、なかなか理解されなかったことで苦しい経験をしてきた移住者たちは多かったのではないだろうか。これは、「稼げない自分はダメなのではないか」「世の中に必要とされていないのでないか」という自己事業否定、自己否定につながっていったと考えられる。

そんな中で、「政策起業家」という新たな存在が認識されてきたことは、彼らにとって大きな拠り所、アイデンティティを与えることになると考えられる。そして、それは日本の公共領域にイノベーションが必要と言われる昨今において、この東北地方の被災地から、日本全体に投げかけ得る、大きなメッセージになると確信している。

参考文献

アジア・パシフィック・イニシアティブ（二〇一九ａ）『福沢諭吉という政策起業家　前編』（二〇二一年九月六日閲覧）。

アジア・パシフィック・イニシアティブ（二〇一九ｂ）『福沢諭吉という政策起業家　後編』（二〇二一年九月六日閲覧）。

アジア・パシフィック・イニシアティブ（二〇一九ｃ）『シリーズ政策起業家 Retrospect & Prospect「藤沢烈氏が語る、変わる日本の社会課題と政策人材（全編）」』（二〇二一年一月一三日閲覧）

馬田隆明（二〇二一）『未来を実装する――テクノロジーで社会を変革する4つの原則』英治出版。

駒崎弘樹（二〇二〇）「貧困家庭に継続的に食品を届ける『こども宅食』は、どうして全国で実施できるようになったのか。」『HUFFPOST』（二〇二一年九月六日閲覧）。

鈴木崇弘（二〇〇七）『日本に「民主主義」を起業する――自伝的シンクタンク論』第一書林。

長谷川伸（二〇一八）「エシカルな地域づくり――地域を育む民泊」横山恵子編著『エシカル・アントレプレナーシップ――社会的企業・ＣＳＲ・サスティナビリティの新展開』中央経済社、三九－六二頁。

藤沢烈（二〇二〇）「政策起業家という新しいキャリア」『連合総研レポート』三三（四）、一六－一九頁。

船橋洋一（二〇一九）『シンクタンクとは何か――政策起業力の時代』中公新書。

三久忠志（二〇二〇）『改訂版「賀川豊彦伝」――貧しい人のために戦った生涯』文芸社。


（三井俊介）

訳者あとがき――ビジネスではすべての社会問題は解決できない

本書を刊行するに至ったきっかけを振り返ってみると、いくつかの環境が合致したことによる。訳者の一人である石田は、公共政策分野を対象とする中で、特にＮＰＯと地域課題に関心をもって研究を進めてきた。その中で、イノベーションとアントレプレナー（起業家）、さらに社会性を考慮したソーシャルイノベーション、社会的企業、社会起業家が非営利セクター研究においても多く見られるようになった。

教育においても、高専でも大学でもアントレプレナーシップ醸成やアントレプレナー育成が盛んになり、文部科学省のＥＤＧＥ－ＮＥＸＴプログラムの一部を担当するようになり、具体的にプログラムを考えるようになった。その中で、六大学（東北大学・北海道大学・小樽商科大学・宮城大学・京都大学・神戸大学）が連携して開発・推進している社会共通基盤事業「レジリエント社会の構築を牽引する起業家精神育成プログラム」に携わらせてもらう中で、どのように課題を定義し、どのような事業をすることで強靭な社会ができるのだろうかという実践では当たり前ともいえることを、具体的に考えるようになった。

しかし、非営利事業を研究の対象としてきたこともあってか、なかなかソーシャルビジネスの枠組みに収まらないアイデアが多いことに気がついた。改めて基本に戻って考えると、政府・行政が財政として対応するのは、市民生活あるいは社会全体の安寧をもたらす事業で、かつ民間営利企業によって利潤を生み出せないものである。民営化やパブリック・プライベート・パートナーシップ（PPP）、社会的インパクト投資やESG投資などが台頭する中で、その揺らぎや境界線の曖昧さも現れてきているが、やはり社会課題の困難のすべてをビジネスで網羅的に解決することはできない。このようなことから、「政策」を意識した事業展開を議論する「政策起業家」は、この潮流の中で論じるべき点であると考えるに至った。

また地方分権化の流れの中で、それぞれの地域が抱える課題に地域が持つリソースを活用して立ち向かうことが求められてきた。特に地方では、民間営利企業は少なく、ソーシャルビジネスとしての需要も大きくない。NPOの数も少ないし、財源も多くない。それでも、そこで活動する企業やNPOは、地域が抱える課題を行政とは異なる観点から捉えている。事業収益、寄付、助成金などの民間資金で取り組むことも可能であるが、十分な資金を得るのは困難である。本書の観点からは、政策という装置を介して取り組むとするならば、民間セクターや非営利セクターがそのトリガーとなり、行政と連携することで、地域活性化や地域福祉の向上を目指すことができる。訳者らは、この点から国家レベルの政策起業家に注目するのと同様に、地方の政策に影響を与え、事業を実施する地方の政策起業家にフォーカスすることは、地方分権化の文脈において極めて重要であると捉えている。

地域の課題解決のための資金調達の手段について考えてみると、陳情などのロビイングによって必要性を訴えることもあれば、公共の福祉の向上を目指したアドボカシー活動を行い、社会に声を届けるという手段を採ることもある。それに加えて、実践、実施までを担うことも考慮に入れるところに政策起業家の特性があると考えられる。

ただし、主張すれば何でも通るわけではない。通していくためには戦略がいる。「どんな要素が重要か?」に本書が答えている。原著者は、政策起業家について四半世紀ほど前から研究をしており、様々な分野から多くの事例を提示している。本書でも四つの事例が取り上げられている。ここでは、政府および民間企業から傑出した人々が抽出されている。

政策立案側にもともといる人、そうではない人で異なる点もあるが、政策起業家に共通して見られる要件が抽出され、それぞれの要件について説明がなされている。これらは、上述の非営利セクターにも適用され得るであろう。

最後になるが、本書の刊行が実現したのは、ミネルヴァ書房の音田さんのおかげである。訳者としては思えば一五年近くお世話になっている。いつもお世話になっていることから感謝してもしきれないが、本書が無事に刊行されることに改めてここで感謝を申し上げたい。そして、本書が「政策起業家」という役割や機能に注目して、日本社会や地域社会のこれからを考えるための議論の題材、実際に実践しようとするみなさんの参考資料になれば、訳者として幸甚である。

二〇二一年一月

石田　祐

著者紹介

マイケル・ミントロム（Michael Mintrom）

カンタベリー大学で経済学修士号，ニューヨーク州立大学ストーニーブルック校で政治学博士号を取得。現在，モナッシュ大学公共政策教授（オーストラリア）・アメリカ政治学会公共政策部会長。効果的かつ戦略的な政策開発モデルを提示し世界各国の政府活動に大きな影響を与えた点を評価され，アメリカ政策研究機構から Miriam K. Mills 賞・Theodore J. Lowi 賞を受賞。また，政策起業家精神に関する研究においても多くの賞を受賞。

著書は，*Policy Entrepreneurs and School Choice*（Georgetown University Press, 2000），*People Skills for Policy Analysts*（Georgetown University Press, 2003），*Contemporary Policy Analysis*（Oxford University Press, 2012），*Public Policy: Investing for a Better World*（Oxford University Press, 2019），ほか多数。

政策起業家が社会を変える
——ソーシャルイノベーションの新たな担い手——

2022年３月30日　初版第１刷発行　〈検印省略〉

定価はカバーに
表示しています

訳　者　石田　祐
　　　　三井俊介

発行者　杉田啓三

印刷者　中村勝弘

発行所　株式会社　ミネルヴァ書房

607-8494 京都市山科区日ノ岡堤谷町１
電話代表（075）581-5191
振替口座 01020-0-8076

中村印刷・藤沢製本

ISBN978-4-623-09319-9

Printed in Japan

訳者紹介

石田　祐（いしだ・ゆう）

1978年生まれ。

2007年　大阪大学大学院国際公共政策研究科博士後期課程単位取得退学。博士（国際公共政策）。

現　在　宮城大学事業構想学群教授・地域創生学類長。

主　著　『災害復興におけるソーシャル・キャピタルの役割とは何か——地域再建とレジリエンスの構築』（共訳）ミネルヴァ書房，2015年。

『ソーシャル・キャピタルと市民社会・政治』（共著）ミネルヴァ書房，2019年。

「災害復興と NPO ——公共サービスの担い手としての課題」『公共選択』71，木鐸社，2019年。

三井俊介（みつい・しゅんすけ）

1988年生まれ。

2012年　法政大学法学部国際政治学科卒業。

2015～2019年　陸前高田市市議会議員。

2020年～　宮城大学大学院事業構想学研究科博士前期課程在籍。

現　在　特定非営利活動法人 SET 理事長。特定非営利活動法人高田暮舎理事。特定非営利活動法人新公益連盟北海道・東北ブロック共同代表。地域政党とうほく未来創生副代表。

受賞歴　新しい東北復興創生懸賞（復興庁，2018年）。

日本マニフェスト大賞シティズンシップ推進賞最優秀賞（2018年）。

令和元年度あしたのまち・くらしづくり活動賞内閣総理大臣賞（2019年）。

「ディスカバー農山漁村の宝」ビジネス部門入賞（東北農政局，2020年），等。

索　引

あ　行

か　行

さ　行

た　行

参考文献

Acuto, M. 2013. 'The New Climate Leaders?' *Review of International Studies* 39(4): 835–57.

Allison, G. T. 1971. *Essence of Decision: Explaining the Cuban Missile Crisis*. Boston: Little, Brown & Company.

Anderson, S. E., R. A. DeLeo and K. Taylor. 2019. 'Policy Entrepreneurs, Legislators, and Agenda Setting: Information and Influence.' *Policy Studies Journal*, https://doi.org/10.1111/psj.12331.

Arieli, T., and N. Cohen. 2013. 'Policy Entrepreneurs and Post-Conflict Cross-Border Cooperation: A Conceptual Framework and the Israeli-Jordanian Case.' *Policy Sciences* 46(3): 237–56.

Arnold, G., L. A. Nguyen Long and M. Gottlieb. 2017. 'Social Networks and Policy Entrepreneurship: How Relationships Shape Municipal Decision Making about High-Volume Hydraulic Fracturing.' *Policy Studies Journal* 45(3): 414–41.

Bakir, C., and D. S. L. Jarvis. 2017. 'Contextualising the Context in Policy Entrepreneurship and Institutional Change.' *Policy and Society* 36(4): 465–78.

Battilana, J., B. Leca and E. Boxenbaum. 2009. 'How Actors Change Institutions: Towards a Theory of Institutional Entrepreneurship.' *Academy of Management Annals* 3(1): 65–107.

Baumgartner, F. R., and B. D. Jones. 1993. *Agendas and Instability in American Politics*. Chicago: University of Chicago Press.

Baumgartner, F. R., and B. L. Leech. 1998. *Basic Interests: The Importance of Groups in Politics and in Political Science*. Princeton, NJ: Princeton Uni-

versity Press.
Berry, F. S., and W. D. Berry. 2018. 'Innovation and Diffusion Models in Policy Research.' In *Theories of the Policy Process*. Eds Christopher M. Weible and Paul A. Sabatier, New York: Routledge, pp. 263–308.
Berry, J. M., and C. Wilcox. 2018. *The Interest Group Society*, fifth edition. New York: Routledge.
Betsill, M., and H. Bulkeley. 2007. 'Looking Back and Thinking Ahead: A Decade of Cities and Climate Change Research.' *Local Environment* 12(5): 447–56.
Bornstein, D., and S. Davis. 2010. *Social Entrepreneurship: What Everyone Needs to Know*. New York: Oxford University Press.
Boushey, G. 2010. *Policy Diffusion Dynamics in America*. New York: Cambridge University Press.
Boushey, G. 2012. 'Punctuated Equilibrium Theory and the Diffusion of Innovations.' *Policy Studies Journal* 40(1): 127–46.
Brannback, M., and A. Carsrud. 2015. *Fundamentals for Becoming a Successful Entrepreneur: From Business Idea to Launch and Management*. Upper Saddle River, NJ: Pearson FT Press.
Broich, J. 2017. *Squadron: Ending the African Slave Trade*. New York: Harry N. Abrams.
Brouwer, S. 2015. *Policy Entrepreneurs in Water Governance*. New York: Springer.
Burt, R. S. 2000. 'The Network Structure of Social Capital.' *Research in Organizational Behaviour* 22: 345–423.
Cairney, P. 2013. 'Standing on the Shoulders of Giants: How Do We Combine the Insights of Multiple Theories in Public Policy Studies?' *Policy Studies Journal* 41(1): 1–21.

Cairney, P., and M. D. Jones. 2016. 'Kingdon's Multiple Streams Approach: What Is the Empirical Impact of this Universal Theory?' *Policy Studies Journal* 44(1): 37–58.

Carter, N., and M. Jacobs. 2014. 'Explaining Radical Policy Change: The Case of Climate Change and Energy Policy under the British Labour Government 2006–10.' *Public Administration* 92(1): 125–41.

Casson, M. 1982. *The Entrepreneur: An Economic Theory*. London: Rowman and Littlefield.

Casson, M., and M. D. Giusta. 2007. 'Entrepreneurship and Social Capital: Analysing the Impact of Social Networks on Entrepreneurial Activity from a Rational Action Perspective.' *International Small Business Journal* 25(3): 220–44.

Christopoulos, D., and K. Ingold. 2015. 'Exceptional or Just Well Connected? Political Entrepreneurs and Brokers in Policy Making.' *European Political Science Review* 7(3): 475–98.

Cohen, M. D., J. G. March and J. P. Olsen. 1972. 'A Garbage Can Model of Organizational Choice.' *Administrative Science Quarterly* 17(1): 1–25.

Collins, J. 2001. *Good to Great: Why Some Companies Make the Leap ... and Others Don't*. New York: Harperbusiness.

Davies, S. E., and J. True. 2017. 'Norm Entrepreneurship in Foreign Policy: William Hague and the Prevention of Sexual Violence in Conflict.' *Foreign Policy Analysis* 13(3): 701–21.

Deci, E. L., and R. M. Ryan. 1985. *Intrinsic Motivation and Self-Determination in Human Behavior*. New York: Plenum.

Derthick, M., and P. Quirk. 1985. *The Politics of Deregulation*. Washington, DC: The Brookings Institution Press.

Dewulf, A., and R. Bouwen. 2012. 'Issue Framing in Conversations for

Change: Discursive Interaction Strategies for "Doing Differences".' *The Journal of Applied Behavioral Science* 48(2): 168–93.

Dixit, A. K., and B. Nalebuff. 2008. *The Art of Strategy: A Game Theorist's Guide to Success in Business and Life*. New York: W W Norton & Company.

Dolowitz, D., and D. Marsh. 1996. 'Who Learns What from Whom: A Review of the Policy Transfer Literature.' *Political Studies* 44(2): 343–57.

Drummond, W. J. 2010. 'Statehouse Versus Greenhouse: Have State-Level Climate Action Planners and Policy Entrepreneurs Reduced Greenhouse Gas Emissions?' *Journal of the American Planning Association* 76(4): 413–33.

Duckworth, A. 2016. *Grit: The Power of Passion and Perseverance*. New York: Scribner.

Dudley, G. 2013. 'Why Do Ideas Succeed and Fail Over Time?: The Role of Narratives in Policy Windows and the Case of the London Congestion Charge.' *Journal of European Public Policy* 20(8): 1139–56.

Dye, T. R. 1976. *Who's Running America?: Institutional Leadership in the United States*. Englewood Cliffs, NJ: Prentice-Hall.

Dye, T. R. 2014. *Who's Running America? The Obama Reign*, eighth edition. New York: Routledge.

Easton, D. 1969. 'The New Revolution in Political Science.' *American Political Science Review* 63(4): 1051–61.

Ericsson, K. A., M. J. Prietula and E. T. Cokely. 2007. 'The Making of an Expert.' *Harvard Business Review* 85: 115–21.

Evans, P. B., D. Rueschemeyer and T. Skocpol (eds). 1985. *Bringing the State Back In*. New York: Cambridge University Press.

Faling, M., R. Biesbroek, S. Karlsson-Vinkhuyzen and K. Termeer. 2018. 'Poli-

cy Entrepreneurship across Boundaries: A Systematic Literature Review.' *Journal of Public Policy* 39(2): 393–422.

Falleti, T. G. 2010. 'Infiltrating the State: The Evolution of Health Care Reforms in Brazil, 1964–1988.' In *Explaining Institutional Change: Ambiguity, Agency, and Power*. Eds J. Mahoney and K. A. Thelen, New York: Cambridge University Press, pp. 38–62.

Feiock, R. C., and J. Bae. 2011. 'Politics, Institutions and Entrepreneurship: City Decisions Leading to inventoried GHG Emissions.' *Carbon Management* 2(4): 443–53.

Feldman, M. S., and A. M. Khademian. 2002. 'To Manage Is to Govern.' *Public Administration Review* 62: 541–55.

Fisher R, W. L. Ury and B. Patton. 1991. *Getting to YES: Negotiating Agreement without Giving In*, second edition. Hammondsworth: Penguin.

Frisch-Aviram, N., N. Cohen and I. Beeri. 2018. 'Low-Level Bureaucrats, Local Government Regimes and Policy Entrepreneurship.' *Policy Sciences* 51(1): 39–57.

Frisch-Aviram, N., N. Cohen and I. Beeri. 2019. 'Wind(ow) of Change: A Systematic Review of Policy Entrepreneurship Characteristics and Strategies.' *Policy Studies Journal*, https://doi.org/10.1111/psj.12339.

Geva-May, I. 2004. 'Riding the Wave of Opportunity: Termination in Public Policy.' *Journal of Public Administration Research and Theory* 14: 309–33.

Glick, H. R., and S. P. Hays. 1991. 'Innovation and Reinvention in State Policymaking: Theory and the Evolution of Living Will Laws.' *The Journal of Politics* 53(3): 835–50.

Goldfinch, S., and P. 't Hart. 2003. 'Leadership and Institutional Reform: Engineering Macroeconomic Policy Change in Australia.' *Governance* 16:

235–70.

Hajime, S. 1999. 'The Advocacy Coalition Framework and the Policy Process Analysis: The Case of Smoking Control in Japan.' *Policy Studies Journal* 27: 28–44.

Hall, P. A., and R. C. Taylor. 1996. 'Political Science and the Three New Institutionalisms.' *Political Studies* 44(5): 936–57.

Hammond, D. R. 2013. 'Policy Entrepreneurship in China's Response to Urban Poverty.' *Policy Studies Journal* 41(1): 119–46.

He, A. J. 2018. 'Manoeuvring within a Fragmented Bureaucracy: Policy Entrepreneurship in China's Local Healthcare Reform.' *The China Quarterly* 236: 1088–110.

Heifetz, R. A. 1994. *Leadership without Easy Answers*. Cambridge, MA: Harvard University Press.

Henig, J. R. 2008. *Spin Cycle: How Research Gets Used in Policy Debates — The Case of Charter Schools*. New York: Russell Sage Foundation.

Herweg, N., N. Zahariadis and R. Zohlnhöfer. 2018. 'The Multiple Streams Framework: Foundations, Refinements, and Empirical Applications.' Chapter 1 in *Theories of the Policy Process*, fourth edition. Eds C. Weible and P. A. Sabatier. New York: Routledge, pp. 17–54.

Howlett, M., and M. Ramesh. 2016. 'Achilles' Heels of Governance: Critical Capacity Deficits and Their Role in Governance Failures.' *Regulation and Governance* 10(4): 301–13.

Huitema, D., L. Lebel and S. Meijerink. 2011. 'The Strategies of Policy Entrepreneurs in Water Transitions around the World.' *Water Policy* 13(5): 717–33.

Jobs, S. 1997. 'Here's to the Crazy Ones.' Narrative on Apple's Think Different commercial. www.youtube.com/watch?v=-z4NS2zdrZc, last accessed

19 September 2019.

John, P. 1999. 'Ideas and Interests; Agendas and Implementation: An Evolutionary Explanation of Policy Change in British Local Government Finance.' *British Journal of Politics and International Relations* 1: 39–62.

John, P. 2003. 'Is There Life after Policy Streams, Advocacy Coalitions, and Punctuations?: Using Evolutionary Theory to Explain Policy Change.' *Policy Studies Journal* 31: 481–98.

Kalafatis, S. E., and M. C. Lemos. 2017. 'The Emergence of Climate Change Policy Entrepreneurs in Urban Regions.' *Regional Environmental Change* 17(6): 1791–9.

Kalil, T. 2017. 'Policy Entrepreneurship at the White House: Getting Things Done in Large Organizations.' *Innovations: Technology, Governance, Globalization* 11(3-4): 4–21.

Kammerer, M., and C. Namhata. 2018. 'What Drives the Adoption of Climate Change Mitigation Policy? A Dynamic Network Approach to Policy Diffusion.' *Policy Sciences* 51(4): 477–513.

Kern, K., and H. Bulkeley. 2009. 'Cities, Europeanization and Multi-Level Governance: Governing Climate Change through Transnational Municipal Networks.' *Journal of Common Market Studies* 47(2): 309–32.

Kingdon, J. W. 1984 [2011]. *Agendas, Alternatives, and Public Policies*, third edition. Boston: Little, Brown & Company.

Kirkpatrick, K. J., and Stoutenborough, J. W. 2018. 'Strategy, Narratives, and Reading the Public: Developing a Micro-Level Theory of Political Strategies within the Narrative Policy Framework.' *Policy Studies Journal* 46(4): 949–77.

Kirzner, I. M. 1973. 'Entrepreneurship and the Equilibrating Process.' In *Competition and Entrepreneurship*. Ed. I. M. Kirzner, Chicago: Mifflin.

Kirzner, I. M. 1997. 'Entrepreneurial Discovery and the Competitive Market Process: An Austrian Approach.' *Journal of Economic Literature* 35(1): 60–85.

Klein, J. 2006. *For All These Rights: Business, Labor, and the Shaping of America's Public-Private Welfare State*. Princeton, NJ: Princeton University Press.

Knoke, D. 1990. 'Networks of Political Action: Toward Theory Construction.' *Social Forces* 68(4): 1041–63.

Knott, J. H., and D. McCarthy. 2007. 'Policy Venture Capital: Foundations, Government Partnerships, and Child Care Programs.' *Administration and Society* 39(3): 319–53.

Kolderie, T. 2008. 'How the idea of 'Chartering' Schools Came About.' *Minnesota Journal* 5 (June): 5–6.

Kotter, J. 1996. *Leading Change*. Boston: Harvard Business School Press.

Lemov, D. 2010. *Teach like a Champion: 49 Techniques that Put Students on the Path to College (K-12)*, second edition. New York: John Wiley and Sons.

Levin, M. A., and M. B. Sanger. 1994. *Making Government Work: How Entrepreneurial Executives Turn Bright Ideas into Real Results*. San Francisco: Jossey-Bass.

Lindblom, C. E. 1959. 'The Science of Muddling Through.' *Public Administration Review* 19(2): 79–88.

Lindblom, C. E. 1968. The Policy-Making Process. Englewood Cliffs, NJ: Prentice-Hall.

Lindblom, C. E. 1979. 'Still Muddling, Not Yet Through.' *Public Administration Review* 39(6): 517–26.

Litfin, K. T. 2000. 'Advocacy Coalitions along the Domestic-Foreign Frontier:

Globalization and Canadian Climate Change Policy.' *Policy Studies Journal* 28: 236–52.

Lubell, M., J. Scholz, R. Berardo and G. Robbins. 2012. 'Testing Policy Theory with Statistical Models of Networks.' *Policy Studies Journal* 40(3): 351–74.

Mack, W. R., D. Green and A. Vedlitz. 2008. 'Innovation and Implementation in the Public Sector: An Examination of Public Entrepreneurship.' *Review of Policy Research* 25(3): 233–52.

Majone, G. 1996. 'Public Policy and Administration: Ideas, Interests and Institutions.' In *A New Handbook of Political Science*. Ed. Robert E. Goodin and Hans-Dieter Klingemann, New York: Oxford University Press, pp. 610–27.

March, J. G., and J. P. Olsen. 1983. 'The New Institutionalism: Organizational Factors in Political Life.' *American Political Science Review* 78(3): 734–49.

March, J. G., and J. P. Olsen. 1989. *Rediscovering Institutions: The Organizational Basis of Politics*. New York: Free Press.

Margolit, Angela, and Caryn Kopp (eds). (2019). *Lessons beyond the Obvious: The Entrepreneur's Handbook*. Savannah, GA: Angela Margolit.

Marsh, D., and J. C. Sharman. 2009. 'Policy Diffusion and Policy Transfer.' *Policy Studies* 30(3): 269–88.

Mazzeo, M., P. E. Oyer and S. J. Schaefer. 2014. *The Roadside MBA: Backroad Lessons for Entrepreneurs, Executives and Small Business Owners*. New York: Business Plus.

McCubbins, M. D., and T. Schwartz. 1984. 'Congressional Oversight Overlooked: Police Patrols Versus Fire Alarms.' *American Journal of Political Science* 28(1): 165–79.

McGranahan, G., D. Balk and B. Anderson. 2007. 'The Rising Tide: Assessing the Risks of Climate Change and Human Settlements in Low Elevation Coastal Zones.' *Environment and Urbanization* 19(1): 17–37.

Meier, D. 2002. *The Power of Their Ideas: Lessons for America from a Small School in Harlem*. Boston: Beacon Press.

Meier, K., and L. J. O'Toole. 2001. 'Managerial Strategies and Behaviour in Networks: A Model with Evidence from US Public Administration.' *Journal of Public Administration Research and Theory* 11(3): 271–94.

Meijerink, S. 2005. 'Understanding Policy Stability and Change: The Interplay of Advocacy Coalitions and Epistemic Communities, Windows of Opportunity, and Dutch Coastal Flooding Policy 1945–2003.' *Journal of European Public Policy* 12: 1060–77.

Melvern, L. 2013. 'Aloisea Inyumba: Politician Who Played a Key Role in the Rebuilding of Rwanda.' *The Independent*, 8 March, www.independent.co.uk/news/obituaries/aloisea-inyumba-politician-who-played-a-key-role-in-the-rebuilding-of-rwanda-8527166.html, last accessed 28 February 2019.

Metaxas, E. 2007. *Amazing Grace: William Wilberforce and the Heroic Campaign to End Slavery*. New York: HarperCollins.

Mettler, S. 1998. *Dividing Citizens: Gender and Federalism in New Deal Public Policy*. Ithaca, NY: Cornell University Press.

Mettler, S. 2007. *Soldiers to Citizens: The G. I. Bill and the Making of the Greatest Generation*. New York: Oxford University Press.

Mills, C. W. 1956. *The Power Elite*. New York: Oxford University Press.

Mintrom, M. 1997a. 'The State-Local Nexus in Policy Innovation Diffusion: The Case of School Choice.' *Publius: The Journal of Federalism* 27: 41–60.

Mintrom, M. 1997b. 'Policy Entrepreneurs and the Diffusion of Innovation.' *American Journal of Political Science* 41: 738–70.

Mintrom, M. 2000. *Policy Entrepreneurs and School Choice*. Washington, DC: Georgetown University Press.

Mintrom, M. 2003. *People Skills for Policy Analysts*. Washington, DC: Georgetown University Press.

Mintrom, M. 2013. 'Policy Entrepreneurs and Controversial Science: Governing Human Embryonic Stem Cell Research.' *Journal of European Public Policy* 20: 442–57.

Mintrom, M. 2014. 'Creating Cultures of Excellence: Strategies and Outcomes.' *Cogent Education* 1(1): 1–14.

Mintrom, M. 2015. 'Policy Entrepreneurs and Morality Politics: Learning from Failure and Success.' Chapter 8 in *Entrepreneurship in the Polis: Contested Entrepreneurs and Dynamics of Change in Diverse Contexts*. Eds I. Narbutaite Aflaki, L. Miles and E. Petridou, Farnham: Ashgate Publishing, pp. 103–18.

Mintrom, M., and J. Luetjens. 2017. 'Policy Entrepreneurs and Problem Framing: The Case of Climate Change.' *Environment and Planning C: Politics and Space* 35(8): 1362–77.

Mintrom, M., and P. Norman. 2009. 'Policy Entrepreneurship and Policy Change.' *Policy Studies Journal* 37: 649–67.

Mintrom, M., C. Salisbury and J. Luetjens. 2014. 'Policy Entrepreneurs and the Promotion of Australian State Knowledge Economies.' *Australian Journal of Political Science* 49(3): 423–38.

Mintrom, M., and M. Thomas. 2018. 'Policy Entrepreneurs and Collaborative Action: Pursuit of the Sustainable Development Goals.' *International Journal of Entrepreneurial Venturing* 10(2): 153–71.

Mintrom, M., and S. Vergari. 1996. 'Advocacy Coalitions, Policy Entrepreneurs, and Policy Change.' *Policy Studies Journal* 24: 420–34.

Mintrom, M., and S. Vergari. 1998. 'Policy Networks and Innovation Diffusion: The Case of State Education Reforms.' *Journal of Politics* 60: 126–48.

Mintrom, M., and S. Vergari. 2009. 'Foundation Engagement in Education Policymaking: Assessing Philanthropic Support of School Choice initiatives.' In *Foundations and Public Policy: Leveraging Philanthropic Dollars, Knowledge, and Networks for Greater Impact*. Ed. J. M. Ferris, New York: The Foundation Center, pp. 243–78.

Moe, T. M. (ed.). 1995. *Private Vouchers*. Stanford, CA: Hoover Institution Press.

Mohr, L. B. 1969. 'Determinants of Innovation in Organizations.' *American Political Science Review* 63(1): 111–26.

Mooney, C. Z., and M. H. Lee. 1995. 'Legislative Morality in the American States: The Case of pre-Roe Abortion Regulation Reform.' *American Journal of Political Science* 39(3): 599–627.

Munyaneza, J. 2012. 'The Passing of an Icon.' *New Times*, 7 December, www.newtimes.co.rw/section/read/60545, last accessed 28 February 2019.

Narbutaite Aflaki, I., L. Miles and E. Petridou (eds). 2015. *Entrepreneurship in the Polis: Contested Entrepreneurs and Dynamics of Change in Diverse Contexts*. Farnham: Ashgate Publishing.

Nathan, J. 1997. *Charter Schools: Creating Hope and Opportunity for American Education*. San Francisco: Jossey-Bass Inc.

Navot, D., and N. Cohen. 2015. 'How Policy Entrepreneurs Reduce Corruption in Israel.' *Governance* 28(1): 61–76.

Nelson, B. 1984. *Making an Issue of Child Abuse*. Chicago: University of Chicago Press.

North, D. C. 1981. *Structure and Change in Economic History*. New York: Norton.

North, D. C. 1990. *Institutions, Institutional Change, and Economic Performance*. New York: Cambridge University Press.

Oborn, E., M. Barrett and M. Exworthy. 2011. 'Policy Entrepreneurship in the Development of Public Sector Strategy: The Case of London Health Reform.' *Public Administration* 89(2): 325–44.

Oliver, T. R., and P. Paul-Shaheen. 1997. 'Translating Ideas into Actions: Entrepreneurial Leadership in State Health Care Reforms.' *Journal of Health Politics, Policy and Law* 22(3): 721–89.

Peters, B. G. 1994. 'Agenda-setting in the European Community.' *Journal of European Public Policy* 1(1): 9–26.

Petridou, E. 2014. 'Theories of the Policy Process: Contemporary Scholarship and Future Directions.' *Policy Studies Journal* 42: S12–S32.

Petridou, E. 2016. *Political Entrepreneurship in Swedish: Towards a (Re) Theorization of Entrepreneurial Agency*. A doctoral thesis. Mid Sweden University, Östersund.

Polsby, N. W. 1985. *Political Innovation in America: The Politics of Policy Initiation*. New Haven, CT: Yale University Press.

Powell, W. W., and P. J. DiMaggio (eds.). 1991. *The New Institutionalism in Organizational Analysis*. Chicago: University of Chicago Press.

Provost, C. 2003. 'State Attorneys General, Entrepreneurship, and Consumer Protection in the New Federalism.' *Publius: The Journal of Federalism* 33(2): 37–53.

Quinn, R. E. 2000. *Change the World: How Ordinary People Can Achieve Ex-*

traordinary Results. San Francisco: Jossey-Bass.

Quinn, R. W., and R. E. Quinn. 2009. *Lift: Becoming a Positive Force in Any Situation*. San Francisco: Berrett-Koehler Publishers.

Rabe, B. G. 2004. *Statehouse and Greenhouse: The Emerging Politics of American Climate Change Policy*. Washington, DC: Brookings Institution Press.

Roberts, N. C., and P. J. King. 1991. 'Policy Entrepreneurs: Their Activity Structure and Function in the Policy Process.' *Journal of Public Administration Research and Theory* 1(2): 147–75.

Roberts, N. C., and P. J. King. 1996. *Transforming Public Policy: Dynamics of Policy Entrepreneurship and Innovation*. San Francisco: Jossey-Bass.

Rochefort, D. A., and R. W. Cobb (eds.). 1994. *The Politics of Problem Definition: Shaping the Policy Agenda*. Lawrence: University Press of Kansas.

Rogers, E. 1962 [2003]. *Diffusion of Innovation*, fifth edition. New York: Basic Books.

Sabatier, P. A. 1988. 'An Advocacy Coalition Framework of Policy Change and the Role of Policy-Oriented Learning Therein.' *Policy Sciences* 21 (2–3): 129–68.

Sabatier, P. A., and H. Jenkins-Smith. 1993. *Policy Change and Learning: An Advocacy Coalition Approach*. Boulder, CO: Westview Press.

Scharpf, F. 1997. *Games Real Actors Play. Actor-Centered Institutionalism in Policy Research*. Boulder, CO: Westview Press.

Schattschneider, E. E. 1960. *The Semisovereign People: A Realist's View of Democracy in America*. New York: Holt, Rinehart and Winston.

Schneider, A. L., and H. Ingram. 1993. *Policy Design for Democracy*. Lawrence: University Press of Kansas.

Schneider, M., and P. Teske. 1992. 'Toward a Theory of the Political Entrepreneur: Evidence from Local Government.' *American Political Science Review* 86(3): 737–47.

Schneider, M., and P. Teske, with M. Mintrom. 1995. *Public Entrepreneurs: Agents for Change in American Government.* Princeton, NJ: Princeton University Press.

Schön, D., and M. Rein. 1994. *Frame Reflection: Toward the Resolution of Intractable Policy Controversies.* New York: Basic Books.

Schreurs, M. A. 2008. 'From the Bottom Up: Local and Subnational Climate Change Politics.' *The Journal of Environment and Development* 17(4): 343–55.

Schumpeter, J. A. 1934. *The Theory of Economic Development,* trans. Redvers Opie. Cambridge, MA: Harvard University Press.

Sheingate, A. D. 2003. 'Political Entrepreneurship, Institutional Change, and American Political Development.' *Studies in American Political Development* 17(2): 185–203.

Shipan, C. R., and C. Volden. 2008. 'The Mechanisms of Policy Diffusion.' *American Journal of Political Science* 52(4): 840–57.

Shipan, C. R., and C. Volden. 2012. 'Policy Diffusion: Seven Lessons for Scholars and Practitioners.' *Public Administration Review* 72(6): 788–96.

Shpaizman, I., O. Swed and A. Pedahzur. 2016. 'Policy Change Inch by Inch: Policy Entrepreneurs in the Holy Basin of Jerusalem.' *Public Administration* 94(4): 1042–58.

Simon, H. A. 1947. *Administrative Behavior: A Study of Decision-Making Processes in Administrative Organization.* New York, Macmillan Co.

Stone, D. A. 1997. *Policy Paradox: The Art of Political Decision Making.* New York: W W Norton.

Sugiyama, N. B. 2011. 'Bottom-Up Policy Diffusion: National Emulation of a Conditional Cash Transfer Program in Brazil.' *Publius: The Journal of Federalism* 42(1): 25–51.

Teets, J. C. 2015. 'The Politics of Innovation in China: Local Officials as Policy Entrepreneurs.' *Issues and Studies* 51(2): 79–109.

Teske, P. (ed.). 2004. *Regulation in the States*. Washington, DC: Brookings Institution Press.

True, J., and M. Mintrom. 2001. 'Transnational Networks and Policy Diffusion: The Case of Gender Mainstreaming.' *International Studies Quarterly* 45(1): 27–57.

True, J. L. 2000. 'Avalanches and Incrementalism.' *The American Review of Public Administration* 30: 3–18.

Truman, H. S. 1948. Quotation sourced from Harry S. Truman Quotes. BrainyQuote.com, BrainyMedia Inc, 2019. www.brainyquote.com/quotes/ harry_s_truman_109615, last accessed 17 September 2019.

Tyack, D. B. 1974. *The One Best System: A History of American Urban Education*. Cambridge, MA: Harvard University Press.

Tyack D. B., and L. Cuban. 1995. *Tinkering Toward Utopia*. Cambridge, MA: Harvard University Press.

van de Ven, A. H. 1986. 'Central Problems in the Management of Innovation.' *Management Science* 32(5): 590–607.

Vergari, S. 1999. 'Charter Schools: A Primer on the Issues.' *Education and Urban Society* 31(4): 389–405.

Vergari, S. (ed.). 2002. *The Charter School Landscape*. Pittsburgh, PA: University of Pittsburgh Press.

Victor, D. G., J. C. House and S. Joy. 2005. 'A Madisonian Approach to Climate Policy.' *Science* 309 (5742): 1820–1.

Walker, J. L. 1969. 'The Diffusion of Innovations among the American States.' *American Political Science Review* 63(3): 880–99.

Weible, C. M., and P. Cairney. 2018. 'Practical Lessons from Policy Theories.' *Policy and Politics* 46(2): 183–97.

Weible, C. M., and P. A. Sabatier. 2009. 'Coalitions, Science, and Belief Change: Comparing Adversarial and Collaborative Policy Subsystems.' *Policy Studies Journal* 37(2): 195–212.

Yi, H., and J. T. Scholz. 2015. 'Policy Networks in Complex Governance Subsystems.' *Policy Studies Journal* 44(3): 1–32.